高校体育教学理论与训练实践研究

季 虎 著

全国百佳图书出版单位　吉林出版集团股份有限公司

图书在版编目（CIP）数据

高校体育教学理论与训练实践研究/季虎著. --长春：吉林出版集团股份有限公司，2024.4
ISBN 978-7-5731-4944-2

Ⅰ.①高… Ⅱ.①季… Ⅲ.①体育教学-教学研究-高等学校 Ⅳ.①G807.4

中国国家版本馆CIP数据核字（2024）第090410号

GAOXIAO TIYU JIAOXUE LILUN YU XUNLIAN SHIJIAN YANJIU
高校体育教学理论与训练实践研究

著：	季　虎
责任编辑：	朱　玲
封面设计：	冯冯翼
开　　本：	720mm×1000mm　1/16
字　　数：	210千字
印　　张：	11.5
版　　次：	2024年4月第1版
印　　次：	2024年4月第1次印刷
出　　版：	吉林出版集团股份有限公司
发　　行：	吉林出版集团外语教育有限公司
地　　址：	长春市福祉大路5788号龙腾国际大厦B座7层
电　　话：	总编办：0431-81629929
印　　刷：	长春新华印刷集团有限公司

ISBN 978-7-5731-4944-2　　　定　价：69.00元
版权所有　侵权必究　　　举报电话：0431-81629929

前　言

大学阶段是学生身体形态发育和运动习惯形成的重要时期，是学生走向社会，成为社会人的过渡阶段。在我国社会现代化发展水平不断提高以及教育改革力度不断加大的环境下，人们不仅对高校学生专业课发展给予了高度关注，而且对高校体育教学整体发展水平有了全新的认识。随着高校体育教学改革的不断深入，对高校体育教学理论的研究和探索日益活跃，关于高校体育教学理论的著作也越来越多，这是高校体育教学理论研究和教材建设繁荣发展的表现，也是体育教育学科越来越走向科学化的象征。

传统的体育教学模式具有单一性强、针对性差的特点，在教学程序与内容的设置方面也缺乏新颖及实践性。除此之外，体育教学评价机制的设置也缺乏科学性与合理性，达不到养成学生良好的训练习惯、促进学生身体素质提升的目的。与此同时，现行的高校运动竞技机制还不够完善，在对高校运动员招生、选拔及训练与管理上缺乏行之有效的标准制度，这在一定程度上制约了高校运动训练的发展。

教师要和学生积极地进行沟通交流，了解学生的实际情况，在制定具体的教学目标时，针对学生的身心状况相应地调整教学目标。教学目标并非固定不变的，要不断地根据具体的情况进行改进和完善，保证制定的教学目标的适应性和引导性。体育教学必须以学生全面发展为中心，牢固树立"健康第一"的指导思想，强化"终身体育"意识，逐步使学生养成终身体育锻炼习惯，使教育目标朝着多元化、科学化、人性化方向发展，培养符合社会需要的复合型体育人才。

此外，科学的体育训练实践也是当前建设"体育强国"的关键步骤，同时是满足大学生多元化体育学习诉求、提升高校体育教学质量的核心要义。不断完善体育教学与运动训练可以全面提高高校体育的教学质量，促进学生综合素质的稳步提升，进而为我国的体育事业培养出更多的优秀储备人才。所以，对运动训练与体育教学两者之间进行双重掌控，同时做到优势互补，便是当今高校体育教学工作者需重点思考的问题。

本书主要针对高校体育教学与训练展开研究，旨在为高校体育教学改革创新发展与运动训练的科学化发展提供一定的理论参考，做出一定的贡献。本书简要阐述了高校体育教学、体育训练的基本理论，展望了体育教学与训练的创新发展；深入探讨了高校篮球教学理论与训练、高校足球教学理论与训练、高校排球教学理论与训练、高校乒乓球教学理论与训练、高校田径教学理论与训练、高校健美操教学理论与训练以及高校武术教学理论与训练等方面的内容。

本书在写作过程中汲取了国内外众专家、学者在高校体育教学理论与训练等方面的成果，在此表示诚挚的谢意。由于作者水平有限，不当之处在所难免，恳请广大读者多提宝贵意见，以便修改和完善。

目 录

第一章 高校体育与教学训练 …………………………………………… 1
第一节 高校体育教学概述 ………………………………………… 1
第二节 高校体育训练概述 ………………………………………… 6
第三节 高校体育教学与训练的创新探索 ………………………… 17

第二章 高校篮球教学理论与训练实践研究 …………………………… 23
第一节 篮球运动概述 ……………………………………………… 23
第二节 篮球运动教学与训练的基本理论 ………………………… 28
第三节 篮球技术教学与训练分析 ………………………………… 31
第四节 篮球战术教学与训练方法探索 …………………………… 34

第三章 高校足球教学理论与训练实践研究 …………………………… 44
第一节 足球运动概述 ……………………………………………… 44
第二节 高校足球技术与战术教学 ………………………………… 47
第三节 高校足球运动身心素质训练 ……………………………… 54
第四节 高校足球人才的培养 ……………………………………… 62

第四章 高校排球教学理论与训练实践研究 …………………………… 67
第一节 排球运动概述 ……………………………………………… 67
第二节 排球教学与训练工作基础知识 …………………………… 72
第三节 排球运动技术教学与训练 ………………………………… 76
第四节 高校排球教学中战术意识的培养 ………………………… 79

第五章 高校乒乓球教学理论与训练实践研究 ………………………… 85
第一节 乒乓球运动概述 …………………………………………… 85
第二节 乒乓球运动的基本技术与战术 …………………………… 88
第三节 乒乓球运动教学的原则与方法 …………………………… 94
第四节 高校乒乓球运动训练实践 ………………………………… 99

第六章 高校田径教学理论与训练实践研究 …… 106
- 第一节 田径运动概述 …… 106
- 第二节 高校田径教学的基本理论与方法探索 …… 108
- 第三节 高校田径体能训练与营养补充 …… 112
- 第四节 田径跳跃项目特征与教学训练 …… 117
- 第五节 田径走跑类项目教学与训练 …… 122

第七章 高校健美操教学理论与训练实践研究 …… 127
- 第一节 健美操运动概述 …… 127
- 第二节 高校健美操教学的基本方法与创新 …… 133
- 第三节 高校健美操教学与训练一体化模式探索 …… 138
- 第四节 高校竞技健美操中的体能训练 …… 143

第八章 高校武术教学理论与训练实践研究 …… 149
- 第一节 武术运动概述 …… 149
- 第二节 武术套路基本技术教学与训练 …… 154
- 第三节 高校武术教学与训练改革 …… 161
- 第四节 武术运动损伤产生的原因与防治对策 …… 165

参考文献 …… 170

第一章　高校体育与教学训练

高校体育教学是大学生以身体练习为主要手段，通过合理的体育教育和科学的体育训练过程，达到增强体质、增进健康和提高体育素养为主要目标的课程。本章主要从体育教学的基础知识入手，介绍了体育训练相关内容，同时探讨了高校体育教学与训练的创新。

第一节　高校体育教学概述

一、体育教学的要素

体育教学并非纯粹的游戏与休闲，更不是随心所欲地随意而为，而是由各种因素组合而成，只有遵循一定的原则，体育教学才能正常、科学地进行。从广义上讲，体育教育的组成因素有如下内容。

（一）教师

在高校体育教学的整个过程中，教师显然发挥着很大的作用，他们不仅需要传授知识，同时还应该对学生做出一定的指导。如果教学的过程没有教师的参与，那么教学活动显然无法正常开展。究其原因，其根本在于缺乏体育"组织者""指导者"。体育教师不仅要参与课程的设计，而且要积极地实施课程。在这一过程中，体育教师起着主导作用。

（二）学生

在具体的教学过程中，还应该遵循以学生为主体的基本原则。显然，学生是最积极的因素。

（三）环境

"教学环境"对于整个教学过程都是非常重要的，它是学校开展体育教育活动所必须的条件。对于体育教学来说，一个好的体育教学环境往往会对其效果产生很大的影响，如果没有一个好的体育教学环境，将会极大地影响到学校的整体教学质量，严重时甚至让教学无法开展。

（四）目标

在体育教学中，教学目标的确立是非常重要的，教师往往需要事先明确教学的目标，在此指导下才能有针对性地指导学生，没有了这个目标，后面的工作也就不能顺利进行。

（五）内容

体育教育内容的构成并不是单一的，而是很多元的，其主体是体育课程，其载体是体育教材。在制定体育教学内容的时候往往会根据学校的课程体系，并综合考虑社会的需要等方面的内容。

（六）过程

在体育教学中，教学过程往往是处于核心。没有教学过程，正常教学显然无法顺利展开。

（七）方法

在具体的教学过程中，有很多的因素都会对体育教学产生重要影响，比如师生之间的关系、体育教学的目标、学生体育素养的情况等。一般而言，这些因素之间也存在着紧密的关系，对于教师而言，就应该找到其中的规律，帮助学生解读教学内容中的各类信息。

（八）评价

在体育教学中，教学评价的作用也是非常大的，它往往与师生之间都有紧密的联系，对于教师来说，就可以按照特定的教学目标，综合考评各种因素，对体育教学进行评估。[1]

---

[1] 刘满. 现代高校体育健康教学理论与发展新探［M］. 北京：北京工业大学出版社，2021：8.

二、体育教学的管理

(一)高校体育教学管理存在的问题

1. 体育教学管理缺乏整体协调能力

在目前的大学体育教学管理工作中,依然有很多需要解决的问题,比如管理机制上的问题,各个机构之间的配合情况,以及各方面的管理都存在不到位的情况。

特别是,在我国的高校体育教学评价中,没有能够找到与现实相适应的那些指标,在大多数的情况下,这些指标都是根据学校的管理体制而定,没有展示出一定的科学性。

目前,很多的教师依然没有与时俱进,还停留在传统的管理模式上。在运动技术的学习中,教师往往会对教学中的重难点没有良好的把握,从而在很大程度上影响了学生的学习效果。

2. 体育教学管理制度和体系不健全

从本质上来说,公共体育教学管理拥有自己鲜明的特色,其是一种综合性很强的工作,它给高校的管理水平带来了很大的考验。有些学校虽然积极地按照国家发布的一些相关的教育教学政策去积极调整自己的工作,但是,在很多的方面,尤其是教学管理方面,依然没有建立起一套合适的系统,各个管理环节存在脱节的现象。

在高校的体育教学中,由于学生自身存在的一些问题,比如他们的主观能动性不够、学校的教学管理水平也不高等,这往往对学生的个性带来很多不利的影响。在当前的背景下,很少有教师将目光放在教学改革上,对整个改善的过程没有做清楚的分析,总体管理水平依然处于较低的状态,与预期的目标存在较大的差距。

3. 高校体育教学管理队伍建设缺失

对于大学的决策部门而言,如果他们不重视对教学管理,那么显然会严重滞后于当前的发展状况,教师的素质也就无法得到保证,在此种背景下,管理工作的成效也会受到很大的影响。

大学的教学管理团队构成是多方面的,不仅由专门的行政管理人员组成,而且也包含很多的教学工作人员。一般而言,他们在管理方面的专业素质是相对比较差的,也没有经过系统的训练,在管理工作上的这些差异显然会影响到学校的教学质量。

目前，我国普通高等学校体育教育管理人员的构成也存在一定的问题，比如职称低、男性偏多等，所以，我们亟须对其进行优化。大学体育教师的激励制度的缺失，将大大影响他们的工作积极性，从长远来看，这对学校的发展是非常不利的。

4. 管理策略和手段固化，缺少灵活性

从当前的状况来看，体育教学管理所包括的内容是非常复杂的，不仅包括课堂教学、教学评估和课程改革三个方面，随着时代的发展，还有了新的内涵。在新时期，新课程提出了"以人为本"的教育理念。通过对当前大学体育教学管理工作进行分析，发现有些学校存在着过于偏激的问题，或干脆放任不管，或者管理过于严格，这些显然都是不好的。

这两种模式显然对学生的自主学习都是不利的，也不能真正适应学生的发展需要。显然，在具体的管理过程中，学校和教师没有从学生的立场出发，去理解新时代背景下学生的真实需要，这就很难在管理战略的调整中让学生获得更大的益处。许多大学生由于缺少动力，不能认识到参加体育活动的真正价值，因而消极应对。

（二）高校体育教学管理创新与发展策略

1. 构建适应现代高校体育教学管理规律的运行机制

没有科学的体育管理，普通高等学校体育工作的开展是十分困难的。为了改善大学生的体质，促进体育教学的发展，需要建立健全的体育管理体系。

为此，高校应该行动起来，建立健全的教育管理体制，只有这样，才能切实实现各机构之间的协作；与此同时，还应该建立健全相应的制度体系，从而推进学校体育工作有条不紊地展开，只有以制度的形式进行管理，才能使学校的管理工作真正体现在学校的各项工作中。

系统管理对于教学活动的开展也是很有意义的，往往可以对教师的教学质量和效果进行监督，对学生的学习情况进行判断，以确保体育教学的正常进行。

2. 创新高校体育教学管理方法和手段

教学活动的开展是一环扣一环的，在完成了前期的主体教学管理工作之后，教师要对自己的授课与管理等进行反思，明确自己工作中存在的不足，并对其进行主动的改革。

大学体育教师应该树立创新的意识，积极打破网络信息教育技术方面的不足，利用课余的时间进行学习，从而掌握现代的教育教学方法，并与思政教学改革的精神相结合。大学要注重师资队伍的建设，通过开展教学科研或者是专题讲座等多种形式，提高师资队伍的科研水平。

3. 培养学生终身体育意识

在当前的大学体育教育过程中，教师在教学之余还应该注意学生终身体育意识的培养。大学教育是一种综合性的教育，教师不能仅仅关注理论知识的讲述，同时还要重视对学生的体育意识进行培养。

为了进一步增强学生的体育意识，让他们养成良好的锻炼习惯，学校也要从多角度出发夯牢学生的理论知识。同时，教师还应该采取多种举措提高体育教学的趣味性，从而提高学生参与的积极性。教师还要创造一个良好的学校体育文化环境，把终身体育意识融入教学中，在无形之中对大学生的体育思维和行为进行潜移默化的影响。①

4. 推进高校体育教学管理信息化、科学化、高效化进程

随着我们进入"互联网+"时代，国家的信息化水平得到了突飞猛进的发展。加强高校体育工作的信息化建设，是提高学校体育工作质量的有效途径。

首先，高等院校在社会中的作用是很大的，作为科学技术的发源地，其在体育管理的过程中往往能会展示出一定的优越性。在现有的基础上，我们要积极构建一个综合性的体育管理体制，以适应时代发展的需要。

其次，大学体育管理人员也不应该固步自封，而是应该加强自己的科学管理，结合自己的实际情况，推动学校体育管理信息化的发展，使得体育教学能够与社会需求能够紧密结合。

5. 优化高校体育教学管理环境

学校领导在具体的工作过程中，应树立创新的理念，提倡教学改革，把学校体育教学管理工作放到一个较高的位置。

首先，我们应该将高校体育工作作为一个整体来抓，把它作为一个重要的工作方向。其次，要加大对以"大体育节"为主的各种形式的体育赛事的投资，使得它们能获得长远发展。

另外，学校也应该重视开展体育赛事，并且还应该尽可能地争取民间组织的资助，然后把这些资助合理地利用起来，从而"反哺"学校的体育活动和教学建设。

6. 强化体育教师的体育教学管理意识和能力

在具体的教学过程中，体育教师要做的工作是很多的，除了要对教学内容进行充分解读，还要做好教学计划，以便更好地把握课堂。与此同时，教师还要加强对学生的管理，如果没有规范的管理，不良的纪律势必会影响到教育的质量，进而影响到教育的效果。

---

① 赵龙. 高校体育教学中如何培养学生终身体育意识 [J]. 现代职业教育, 2022 (10).

在学习的过程中，学生们不可避免地会产生懈怠的情绪，对此，教师要采取适当的处罚措施，与此同时，还要进一步加强对学生的教育，使其养成良好的学习态度。为此，体育教师在具体的教学过程中应该增强课堂的经营意识，使学生的主体地位得到充分的发挥，培养他们锻炼的习惯。①

第二节　高校体育训练概述

一、高校体育训练创新的原则

（一）坚持科学性原则

在大学体育教学训练改革过程中，教师应该注重科学性的原则，这是教学成果得以实现的保障。为此，对于大学教育者而言，他们要在训练创新的实施过程中，遵循科学性的训练原则，与此同时，还应该在训练内容和目的上积极进行创新，所有这些工作的开展都要按照科学的准则来进行。

在指导体育教学改革的过程中有一个原则发挥了重要的作用，那就是科学性原则。它可以为体育教学改革的科学开展提供准确的方向，更好地发挥其作用，保证其实施的效果。

在具体的体育训练过程中，如果不严格遵循科学的原则，那么就有可能使训练创新走入歧途，在创新之路上受阻。因此，教育者要在培养创造活动中，自觉地遵循科学的原则。

（二）坚持以人为本原则

"以人为本"是当代教育的一项基本原则，在大学体育教学改革中，要把"以人为本"的理念贯彻到学校体育教学改革的进程中，使创新为学生的发展服务。所谓"以人为本"，就是在教学改革的过程中，应该始终坚持以学生为中心，将学生的情况和体育训练的需要都充分地考虑进去。

在素质教育的大环境中，"以人为本"的思想已在教育界得到了普遍的认同。所以，在大学体育训练改革的过程中，要坚持以人为本的原则，教师在教

---

① 郭家骏，于欣慈．高校体育教学管理创新与发展思考［J］．长春师范大学学报，2022，41（5）．

学的时候也应该对自己严格要求，在训练的内容和方法上积极进行创新，使体育训练的功能真正发挥出来。

（三）坚持系统性原则

如果我们对大学体育教学改革进行深入分析，就可以发现其是一个包括许多环节在内的系统。为此，在具体的分析过程中我们必须遵循系统的原则。一般而言，教师不仅要从全局的角度去审视当前的教学状况，而且要从内部的每个环节出发进行统筹考虑。

创新工作的实施并不是率性而为，而是要进行科学、全面的思考和研究，在开展创造性工作的过程中，我们应该做到内外兼顾，只有这样才能达到系统细致的目标。在具体的培训创新活动中，如果某一环节出了问题，就会影响到整个创新结果。因此，教育者要科学、系统地进行思考，对每一个相关的环节都进行仔细分析。[①]

二、高校体育训练中学生兴趣的培养

（一）高校体育训练注重培养学生兴趣的现实意义

1. 提升高校体育训练的效果

只有逐步地提高学生对运动训练的兴趣，才能实现提高体育教育教学效果的目标。在当前的大学体育训练中，教师不仅要教授相关理论知识，同时还应该注重对学生的主观意识进行培养。

这就对教师提出了更高的要求，他们不仅需要充分利用课堂教学时间，采用各种训练方法，从而提高学生的兴趣，同时，还应该在丰富多样的运动训练活动中，用统一的思想来调动学生的主动性，有了学生们的充分参与，大学体育训练的效果显然就会得到极大提高。

2. 为体育训练活动实施创造有利条件

在高等体育学校的人才培养过程中，体育训练的作用是极为重要的，要想更好地开展体育训练，就应该将理论知识与实际的体育教学活动紧密结合起来。若学生对此不感兴趣，就不能很好地掌握理论知识，就不能顺利有效地达到体育训练的目的。

所以，在具体的教学训练环节，教师要重视对学生的兴趣进行培养，只有

---

① 高洪杰. 高校体育训练创新的意义、原则和策略研究［J］. 文体用品与科技，2021，5（5）.

这样，才能为开展学校的体育训练创造有利的环境，从而达到好的训练效果。

3. 提升教师的体育训练教学水平

如果学生对体育训练非常感兴趣，那么在具体的训练过程中就可以主动与教师合作，按照教师的指令开展训练，这样就可以减少教师在体育训练中的教学负担。与此同时，学生的主动合作也可以减轻教师的工作量，从而提高课堂的教学效率。

（二）强化体育训练兴趣的途径

1. 充分认识到高校体育训练的重要意义

此处通过对大学体育教学现状的分析，从而逐步剖析当年大学体育教学中存在的问题。

第一，大学应该意识到体育训练的重要性，提高对其的重视程度，如果有需要的话，还应该积极采取各种有效的措施，比如可以建立一个专业的体育训练教学督导团队，从而监督大学体育训练的课程是否能够达到预期的效果，力争创造出自己的、高效的体育训练课程。

第二，对于大学体育教师来说，他们在具体的工作过程中应该主动地改变自己的思想，尤其是应该积极学习现代化的教育手段，逐步提高自己的教学效果，抛弃以往的、落后的体育训练的教学方式，主动到学生中间去，了解他们对体育训练的需要，并且要与当前的训练目标相结合，从而制订出一套科学的训练方法。只有通过对教学实践进行深入总结，才能进一步提高体育教学的灵活性和创新性。

第三，高校体育教师在具体的教学过程中，应该树立正确的意识，对大学生们进行正确的教育。一方面，学校可以定期地检查他们的身体素质发展情况，让他们知道自己体能以及训练等方面存在的缺点。另外，大学可以组织一些颇为具有趣味性的体育文化活动，以此来提高学生训练的兴趣。这样，经过多方面的努力，显然就可以培养学生的体育训练兴趣，与此同时，还应该向学生阐述体育训练的好处，让他们能够积极主动地参与训练。

2. 创新高校体育训练教学的方式方法

从当前的状况来看，我国普通高等学校的体育训练教学手段是比较落后的，这显然制约了大学生参加体育锻炼的积极性，对于教师来说，就应该意识到这一问题，并积极提高体育训练的质量。

首先，教师应该根据当代大学生的发展的需要，提供一些个体化的培训项目。对于个性化的培训课程来说，在具体的实践教学中，就可以逐步克服单一训练方式的缺点，还能够从学员的实际情况，对他们展开不同的训练，这样才有助于提高学生对运动的整体兴趣。具体而言，各学校可以根据自己的实际情况增加各种体育项目的课程，在延续传统的篮球、排球、足球等运动项目的基础上，也可以增加一些特色的教育课程，如散打、武术、击剑等。总之，学校应该竭尽所能地丰富体育训练的种类。与此同时，在课程设置上，高校还应该每年都给学生选择的机会，让他们能接触不同的运动，这对学生的全面发展也是非常有利的。

其次，在各种体育训练项目的实践教学过程中，教师要根据学员的具体情况，灵活运用各种教学方式，积极进行各种体育训练项目的更新与教学方法的创新。一方面，大学体育教师应该在大学体育课堂上尝试把"分层次"的概念引进大学体育课堂。如果学生在具体的教学训练过程中不能找到合适的方法，势必会影响自己对体育训练的兴趣，而每个人的体育训练基础显然都是不一样的，在进行体育训练前，教师应该先对学生的基础情况有一个大概的认识，再结合具体的情况进行分级教学，经过此种类型的教学，既可以进一步提高学生对体育训练的积极性，还可以培养学生的兴趣。

就拿篮球的教学训练来说，通过与学生的接触，笔者发现有些同学的基础很好，而有些同学的基础很差，那么在课堂中，笔者就会安排他们进行一些小规模的篮球比赛，比如"三人对抗赛"，让基础好的同学通过实际比赛的方式来巩固自己的基本功，并进一步积累自己对抗比赛的经验。这对基础比较差的同学也是有好处的，他们在比赛中可以只进行一项或数项的练习，让他们在不断的积累中提高自己的篮球水平。

同时，也可以把"游戏教学法"的思想或者是方法融入体育实践中去。从本质上而言，体育运动本身就是一种娱乐性的活动，显然，这是对学生进行体育素养培养的一个重要的切入点，大学教师要从实际情况出发，根据训练的内容以及项目特点，组织"游戏教学课堂"，提高学生训练的兴趣。

例如，在进行基础身体锻炼的过程中，教师可以根据教学的具体情况，积极引进一些体育游戏，相比于单纯地让学生们去跑800米，教师往往可以通过趣味接力的比赛方式从而将学生们的参与热情调动起来。在开展接力赛的时候，在前200米的时候，可以让学生手持哑铃，然后下一个200米的距离，就可以采用"两人三脚"的方式，第三个200米，就让学生进行"立定跳远"的练习，最后一个200米就可以让学生运球跑，这种有趣的结合，不仅可以提高体育训练的效果，还可以让学生们更投入，提高教学的效率。

同时，在当前的大学体育教学过程中，教师应注意加强学生的主体作用发挥。在高校体育教学中，以教师为主的教学模式难以引起学生的学习兴趣，其根本原因就是学生缺少真正的参与意识。

在"立定跳远"的训练中，教师可以让学生既有"运动员"的角色，也承担一部分"裁判员"的角色，他们可以指导学生，对他们的动作进行评价，教师也可以提出一些问题来指导他们。

3. 完善高校体育训练的设施和条件

高校学生对体育训练的兴趣往往与当前的教学条件密切相关，在具体的教学过程中，最根本的就是要有足够的设施，在新的时代里，要想更好地培养出多维性的适用人才，高校就应该加大资金的投入力度，并且还应该保证体育训练的场地安全性，在此基础上尽其所能地优化体育训练的条件。

首先，相关的领导及部门就应该从实际情况出发，进一步加强对学校体育训练的基础设施的投资，充分将财力、人力等方面的优势发挥到最大，促进学校体育训练设施的完善。

其次，高校还应该重视场地的规划，由于运动的影响因素是很多的，所以其会存在着一定的危险性，那么学校就应该充分保证设施的安全性，按照国家的相关标准来进行，这就需要高校在建设体育训练场地的时候，要坚持高标准，保证场地的安全。

除此之外，大学还要考虑到当前体育训练教学的实际情况，积极将那些比较先进的体育运动设备或者是好的器材等引入进来，不仅可以提高学生对运动的兴趣，也能进一步提高当前教学的硬件水平。与此同时，对一些落后的体育训练设施设备也要及时维修，如果某些设施没有了维修价值，就可以将其淘汰，这是保证体育训练的安全的根本条件。

4. 构建良好的师生关系

体育训练的开展对于学生显然是一种非常好的意志力培养契机，在调查的过程中，笔者发现一些学生对体育锻炼不感兴趣，主要是因为他们在体育训练中没有找到信心，对此，笔者建议，在日常的训练过程中，教师要重视和学生的沟通，利用一种更为温情的方式，在体育训练中多给学生出一些主意，培养学生对体育训练的兴趣。

首先，教师应该积极学习与情感教育有关的内容。通过研究相关理论可以发现，人们在心情好的时候，就会对自己的学习产生一种积极的态度，愿意去思考，而在不愉快的时候，就会表现出厌烦的情绪。

所以，在具体的体育训练过程中，教师要注重学生的情绪，多对学生进行鼓励，例如，有些学生因为身体素质不好，在跑步的时候往往会出现体力不支的状况，无法在1000米的跑道上坚持到最后，此时，教师不应该对学生大喊大叫，而是要用言语来鼓励学生，在这种锻炼中，他们会得到一种成就感。

第二，大学体育教师不仅应该注重课堂，还应该注重课下时间与学生的交流，例如利用手机上的各种软件创建一个微信交流群或者 QQ 交流群，在群中，可以共享一些有趣的训练资料，并对他们的课后训练进行恰当的引导。

5. 改进高校体育训练考评的机制

通过分析各种影响因素，可以发现，单一的训练评价机制是导致学生学习兴趣低的一个很重要的因素，通过分析大部分高校的训练考核评价指标，可以发现它们的通病，那就是刻板、简单，此处笔者提出，学校应该根据学生的具体情况，对其进行分级的体育训练考核，反映出每个人的持续发展。

就拿 1000m 的考核来说，以前都是在学期结束后，让学生们跑步进行测试，然后按照他们的用时来评价他们的成绩，这并不能让他们产生浓厚的兴趣。因此，笔者认为，在 1000m 训练一开始，教师就应该为学生建立一个用时管理台账，记录他们的每次成绩，以此来评价他们的进步。[1]

三、高校体育训练中的运动损伤与防治

运动损伤的类型有急性和慢性两种。急性损伤是指学员在比赛中突然受到强烈的载荷和非直接的暴力，从而造成的运动伤害；慢性损伤是由于局部的关节负荷过大而造成的。多次细微损伤就会导致慢性损伤出现；急性损伤不能及时治疗，可变成陈旧损伤。根据损伤的轻重，可以将其分为轻度、中度和严重三种。轻微伤害是指不会对学生的后续训练造成的伤害，在受伤之后，学员可以继续进行原来的训练；中度损伤是指伤情比较严重的，为了防止损伤的进一步恶化，必须暂停训练，或减少运动部位的运动；严重伤害是指学生在受伤后必须停止一切训练，恢复后再继续进行。

目前，我国高校体育训练中的运动损伤以急性损伤为主，严重程度为轻微或中度。然而，由于高校学员的心理素质和耐力都比较高，在进行体育锻炼时，即便有轻微的受伤，他们也不会太过在意，不会给予适当的治疗和休息，这会造成严重的损伤，甚至演变为慢性损伤，往往会对以后的体育训练产生不利影响。

（一）体育训练中引发运动损伤的因素分析

1. 一般性损伤因素

（1）在正式进行体育训练前没有做好准备工作

在进行运动前，做好充分的热身工作是保证学生身体健康和安全的重要保障。运动前的热身工作是为了提高学生的身体机能，避免他们过度紧张导致的

---

[1] 郭建海. 高校体育训练中兴趣的培养途径 [J]. 文体用品与科技，2022，2 (2).

运动损伤。然而，从当前高校体育锻炼的实际情况来看，许多学生在进行运动前没有充分的准备，导致中枢神经系统与其他器官无法协调，导致学生的肌肉力量、肌肉弹性、拉伸等方面的不均衡。因为没有充分的准备，所以在实际的训练中，身体某些部分会承受很大负荷。在篮球运动中，学生的背部、肩膀和胳膊都会受到很大的压力，从而会对生理功能造成一定影响。另外，尽管许多同学在运动之前都做了一些热身工作，但由于动作幅度太大、动作太快，容易造成肌肉拉伤，甚至造成关节扭伤。

（2）部分学生自身机能低下，精神状况欠佳

在正式开始训练之前，身体状况不佳的学员更容易在训练中受伤。另外，如果学生缺乏睡眠，有一些基础疾病，或者是刚从运动中恢复过来，肌肉会出现疲劳，这时候进行体育锻炼，很容易影响到他们的动作，增加他们受伤的概率。另外，心理状况也是造成学员受伤的一个主要原因，如果学员当天的心情状况不佳，缺乏锻炼的动力，对运动训练产生恐惧，很容易造成运动伤害。

（3）训练强度与学员的身体状况和特征不符

体育训练的实施要根据学生的身体素质、心理和生理特征来进行，但目前有些高校的体育训练方法追求效果，很容易造成学生在训练中的运动损伤。比如，当肩周肌腱与周边组织之间的摩擦、挤压，使其局部部位处于软弱状态，很容易受外界的影响，从而导致运动损伤。

2. 肌肉损伤因素

（1）发力过于突然

比如撑竿跳的时候，学生的身体要有一定的协调性，在翻越护栏的时候，要让自己的身体保持平衡。如果突然发力就会造成损伤。

（2）生理变化

长期的运动会导致肌肉容积增大，其周边筋膜的弹性会大幅度降低，在这种情况下，肌肉的运动会造成血管区域的扩大，导致肌肉的血流量增大、肌肉的容量增大、肌肉缺氧，进而引起细胞内的乳酸分泌，引起肌肉肿胀，造成关节间隙的压迫，引发骨骼疼痛。

（3）高强度的训练

在训练中，如果训练量不够合理，超出了学员所能接受的极限，比如运动量过大、锻炼强度过高，都有可能导致肌肉受伤。因此，在进行体育锻炼时，教师必须设定适当的运动量，否则会产生相反的结果，使学生身心疲惫，体质下降。而且如果肌肉过度消耗，很有可能会导致横纹肌溶解。[1]

---

[1] 尹子月. 高校体育训练中的运动损伤及防范［J］. 新体育·运动与科技，2023（7）.

（二）运动损伤的恢复方法

1. 物理疗法

在临床上，物理疗法是比较常用的一种治疗方法，它可以在很大程度上减轻运动损伤给人带来的伤害。它的疗效非常显著，赢得了人们的普遍认同。

这种方法能起到消炎止疼的作用，可以在很大的程度上减轻学生的症状。如果在物理治疗结束后，就应该做好包扎的工作，并且一点点慢慢提起伤处，防止大量出血状况的产生。

从当前的状况看，运动损伤的物理治疗方法往往可以分成两类，其一是热敷法，其二是冷疗法。在当前的背景下，很多的大学医务室往往都无法提供热疗法，如果病情允许，可以采用冷疗法。

2. 中药法

中药是我国优秀文化的重要代表，具有副作用小的特点，我们完全可以用中药来对运动损伤进行治疗，其疗效也是非常显著的，这已为人们所公认。使用中药进行处理还有一些其他的好处，比如费用低廉、效果确切、可根治。在各种的治疗方法中，中医药治疗运动损伤是安全有效的。

3. 按摩治疗法

在物理疗法和中医疗法的基础上，按摩也是一种无副作用的方法，它能有效地缓解学生的疼痛，促进学生的运动功能恢复。从古代起，我国就开始运用推拿疗法来治疗运动损伤。

在应用此法前，相关治疗人员就应该对人体的骨骼、经络等身体构造有一个大致的了解。在很多的情况下，我们往往可以通过推拿的方法来对伤者进行治疗，其疗效稳，往往不会给学生带来疼痛。按摩疗法最大的优点就是让伤者免受药物的侵害，适合大多数人群。

推拿疗法的实施准则是非常严格的，往往会对练习者的职业素质有很高的要求。在进行治疗的过程中，往往推拿的穴位及推拿手法是影响治疗效果的关键。所以，相关的治疗人员要注意这两个环节，只有找到正确的穴位，并且选择合适的推拿手法，才能更好地促进学员的康复。

（三）高校体育训练中预防运动损伤的措施

在高校中，体育训练的主要目标是为了增强学生的体质，但是也要注意到运动中隐含的安全问题，在运动项目的选择上，教师要确保所选的内容在学生的可接受范围内，不能选用那些超出学生能力的项目，只有指导学生做好充分的准备活动，才能尽可能地避免运动损伤。

在大学体育教学中，教师要注意周边环境，从而尽可能地消除潜在的危险因素。在场地的选择上，如果有条件，就一定要在开阔平坦的场地上进行教学。同时，学生也要对自己的身体状况有一个全面的认识，知道自己可以接受的体育训练的强度。在训练中，应该根据教师的安排，进行体育训练。①

四、高校体育教学与训练中的饮食指导

（一）高校体育训练中开展饮食指导的重要性

1. 补充体育训练后身体所需能量

在大学的体育训练中，学生进行长期的锻炼，必然会对身体的能量产生一定的消耗。

为使学生能够尽快地恢复体力，并且使得他们能够恢复到正常的运动状态中，体育教师就应该积极采用各种措施，缓解学生身体出现的各种情况，以免对接下来的体育训练造成不良影响。

另一方面，教师要积极对大学生进行科学的饮食指导，从而逐步加强对身体的营养供给。比如，如果学生在做了比较剧烈的运动之后，那么他们身体部的 ATP 消耗往往是很大的，此时就应该通过制定科学的饮食营养计划从而保障学生的能量供给。

2. 促使学生养成良好的饮食习惯

现在，许多的大学生往往不注重饮食，他们存在很多不好的饮食习惯，如不及时纠正学生的这些不良饮食习惯，必然会对学生的身体状况产生不利的影响，导致身体素质下降等问题。

因此，在具体的教学过程中，大学教师要在体育训练的过程中，进一步加强对学生的饮食引导，这样就可以使他们能够按照自己的实际情况，多吃一些健康食物，来补充身体所需要的各种维生素和能量。

（二）高校体育训练与饮食营养的关系

1. 体育训练运动能力与糖类补充的关系

在人类的日常膳食中，糖是非常普遍的一种，高校体育教师在完成体育运动训练后，完全可以引导学生从食品中摄入一定量的糖。这些糖分的摄入可以在短期内为他们提供所需要的能量。

---

① 桑梦礼. 高校体育训练中运动损伤原因分析与恢复方法［J］. 当代体育科技，2021，11（15）.

在大学体育训练过程中，每位学生在活动的过程中都会对身体中所存储的能量进行一定程度的消耗。很显然，糖是人类的生活中所必需的一种能源，也是不可或缺的一种营养素。对于大学体育教师来说，就应该对学生进行膳食指导，使其了解糖分的作用。

对于人体而言，碳水化合物是非常关键的一个重要组成部分，1g 葡萄糖在人体中被氧化后，能够转换成 17.15 千焦的能量，这些能量是可以直接利用的。如果学生参加了体育训练，却不能及时补充所消耗的糖，就会出现一系列的问题。在进行体育运动的时候，往往会消耗过多的脂肪，从而让人体的肌肉机能下降，长此以往，就会对学生的身体状态产生很大的影响。

如果体育教师能够积极辅助学生进行饮食营养计划的调整，就可以让他们及时补充糖，防止由于能量不足情况的产生，也可以让他们的运动水平能够得到尽可能地发挥。

2. 体育训练运动能力与脂类补充的关系

脂肪有机体"燃料仓库"的称呼，很显然，它为机体的正常运转提供了与之相对应的能量。一般而言，脂肪的组成主要有碳、氢、氧三大成分。在运动训练中，脂肪还可以起到一些其他的作用，比如缓冲，防止学生受到意外的伤害。

另外，学生自身也需要摄取适当的高质量脂肪，这样就可以保证学生在运动训练过程中，能够获取更为充分的热量，从而保持身体的稳定。同时，脂肪的存在还有一些其他的用处，比如以给身体提供必需的脂肪酸，帮助身体吸收脂溶性维生素。

因此，大学体育教师要对学生进行正确的教育，让他们明白脂肪的重要，不要因为想要减肥就完全禁食含脂肪的食品。

3. 体育训练运动能力与水分补充的关系

在人体中，水是最重要的成分，大概能够占到人体总体重的百分之六十到百分之七十，它有助于保持人体体温的稳定，与此同时，还能让身体的各器官实现正常运转。

在大学体育教学活动中，一些学生常会出现因口渴而短暂缺水的现象。如果出现了口渴的症状，就是人的身体已经出现了轻微的脱水，这个时候要注意多喝几次水去补充水分，但是不要一次喝太多。

因此，教师要想改变大学生不良的饮水行为，就必须多在学校里开展有关的科普教育。在平时，就要提醒学生注意多喝水，避免在进行体育训练前大量喝水。锻炼之后，在饮用与身体温度相近的水之前，要休息 10 分钟。在出汗多的情况下，可以多喝点淡盐水，帮助迅速补水。

(三）高校体育训练中的饮食指导建议

1. 科学指导学生调整饮食结构

具体到大学体育教学的训练过程中，教师应注重对学生进行饮食方面的指导，从而可以让学生能够根据自己的身体状况，积极进行膳食结构的调整，优化膳食供给，从而让学生能够拥有健康的身体。

在每天的运动训练之后，大学生要尽量少吃高脂肪、高热量的食品，而是应该多吃一些含有维生素的健康食品。

在运动训练过程中，机体随时都在消耗各种能量，其中很多的能量供应都是由机体的肌动球蛋白提供的，因此，必须通过膳食中的高质量蛋白质来保证机体的正常活动。

对于大学生而言，他们在日常的生活中应该多吃瘦肉、鸡蛋等食物，当然，学生也可以根据自己的喜好来进行自由搭配。学校体育教师在教学中，除了要为学生提供一些高质量的饮食之外，还应该积极对学生进行营养方面的教育。为此，体育教师应让学生在运动前1~2小时和运动后给予糖的补充。

2. 严格遵循饮食搭配原则。

当学生在不知不觉中养成了不良的饮食习惯在之后，他们往往会不自知，在进行了高强度的运动以后，如果延续这种不健康的饮食方式，就会增加胃肠道的负荷，引发各种疾病。

因此，教师在日常的教学工作中应该向学生阐述健康饮食的重要性，让他们能够严格按照食物的营养搭配，进行各种营养的补充。

在生活中坚持健康饮食、平衡饮食是非常重要的，对于学生来说，他们应该积极学习营养知识，从各类绿色健康食品中摄取不同的营养成分，只有这样，他们才能保持良好的运动状态。

例如，在运动结束之后，由于人体的血液此时往往会流向四肢、皮肤血管中，而内脏却处于缺血状态，在此种情况下，学生不能吃太多的东西，而是应该等身体完全休息以后，再进行进食。

另外，血液中的氧气和血红蛋白之间存在着紧密的联系，二者是息息相关的，而血红蛋白的含量在一定程度上与人体中铁的含量有关，如果体内出现铁元素的缺乏，那么血细胞的供氧能力就会受到影响。在平时的体育训练中，如果学生缺铁，就有很大的概率发生缺铁性贫血，如果这些学生参加了高强度的运动，那么就会出现一些不良的症状，比如头昏、疲劳等。因此，大学体育教师要在日常的教学中渗透饮食方面的内容，提醒学生注意补充身体所需要的各种微量元素。

3. 指导学生日常饮食营养热量的均衡化

在大学里,有些学生的作息往往比较散漫,没有很好的自我意识,常常不吃早餐,这样长期下来,显然会对身体产生一定的损害。因此,大学体育教师要注意到这些问题,及时纠正这些学生在饮食方面的不良习惯。

总之,在体育训练过程中,大学体育教师不仅要注重理论知识的讲授,同时还应该注意对学生的饮食进行引导,使他们按照健康的饮食搭配的原则,按照人体需要的营养来选择各种食物,只有这样,才能保证身体一直处于一个好的锻炼状态。[①]

第三节　高校体育教学与训练的创新探索

一、高校体育教学与训练中创造性思维的运用

(一) 高校体育教学与训练中创造性思维的应用现状

1. 对创造性思维的应用重视不足

通过对当前的状况分析可以发现,影响我国大学体育教学与训练的因素是很多的,笔者对其进行了系统的梳理,得出了一些普遍性的影响因素:学生自身、教师素质、课程设置。

在这样的情况下,一些大学的体育教学与训练往往还是采用过去传统的方式,有时候会不可避免地展示出一些盲目性和随意性,显然没能从宏观上对创意思维的重要应用价值进行充分认识。这不利于把创新思想贯穿到大学体育教学与训练的整个过程中。

2. 创造性思维中的信息化手段应用不足

在科技发展的推动下,当前大学体育教学与训练的可选手段也越来越多样。从目前的情况来看,一些大学的体育教学与训练方式往往是比较死板的,没有能够主动地将信息技术引入具体的教学环节。

在大学体育教学与训练过程中,由于缺乏信息化手段,很难建立起以创新思维为基础的信息数据模式,造成了传统体育教学一系列不好的问题,比如教

---

① 李盼. 高校体育训练中的饮食指导研究 [J]. 中国食品,2022 (22).

学枯燥、训练效果不理想等。

3. 教学内容单一，训练方式单调

在当前的状况下，教师在具体的教学中所采用的往往是"先教、后练、再讲评"的方法，在这个过程中，往往缺少对教学活动进行系统性的指导，这就导致了一系列的问题，比如动作变形、规范性差等，造成了学生对体育规则、技战术知识等方面的认识不够深入。

另外，有些教师没有注意到学生的个性差异，盲目地采用"灌输式"的教学方法，并且在教学与训练的过程中也没有激发出学生学习的主体性，导致了教学方法的僵化，这与学校的教学理念有着很大的差距。

（二）高校体育教学与训练中创造性思维应用的策略

1. 加快高校体育教学及训练模式的创新

在目前的经济发展潮流中，社会各个领域的需求与以往相比都有了很大不同，这显然对大学生的专业理论知识提出了更高的要求，同时也对他们的身体素质、价值取向等也有了更高的期待。

所以，要想使创新思维的运用能在教学中得到更好的发挥，就需要对大学体育的教学和训练模式进行改革，抛弃传统的教学和训练思想，建立一套有利于学生身心素质健全的教学和训练系统。

在具体的实施过程中，教师要根据学校的教学指导纲要进行教学，同时还应该充分考虑当前的教学目标，对不合理的教学方法进行动态地调整，并针对这些缺点，采取有针对性的对策，这样就可以保证大学体育的教学和训练得以向着好的方向发展。

2. 增加教学训练主体的创造性思维

在创新思维的运用过程中，教师所面对的主要对象是学生，那么，教师就应该把提高教育培训主体的创新思维能力放在第一位，摆脱过去那种那种单调乏味的教学方式。

在教学的具体环节中，教师要重视大学生锻炼过程中的个性化差异，重视学生在技巧掌握等方面的差别，从宏观的角度出发，积极发挥学生的主动性。并且，教师还要主动听取学生对学校体育教育的建议，从而提升大学体育教育的效率。

灵活性、独特性和创新性是当前创新思维应用的主要特点，它对学生今后的发展显然会产生较大的影响。大学体育教师在教学中可以采用的方式是很多的，应该综合语音语调、仪表等方面，将其融入教学中，向学生们传授创新的思想和理念。

3. 提高体育教学与训练效果评价的科学性

教师对学生的学习效果进行评估是非常重要的，那么，教师就应该建立一套教学效果评估系统，在其中融入创新性的思想。具体而言，教师应选取最具代表意义的评估指标，建立科学的评估模式，以清晰的方式来判断创新思维的整体效果。

在具体的评估过程中，教师不能简单地把体育成绩作为评价的唯一标准，而要把社会化的评价标准和专门化的评价标准等进行有机结合。在对创新思维运用效果进行评估时，教师要尽量减少一些主观的影响因素，比如自身的偏好，避免影响评估结果的可行性。[1]

4. 在竞争及体育游戏中拓展创造性思维

对于大多数体育运动而言，其往往都属于竞赛项目，它的理论和实践紧密地联系在一起，所以具体到实践环节，教师就要从宏观上仔细地制定指导性的教学方案，让学生得到充分锻炼。

与此同时，教师必须意识到，体育运动也是一种竞争性和风险性并存的运动，学生的竞争意识并不是自己产生的，而是需要教师进行激发，只有这样才能让他们拥有一种不断超越自己的强烈动机，不断地付出和努力，去追求成功。教师可以针对体育教学的具体目标，设计出各种竞争性的体育游戏，从而达到提高学生兴趣的目标。[2]

教师应该充分发挥现代信息技术在竞技运动中的实际作用，并对其进行合理的风险管理，只有这样才能更好地展示当代体育的深厚魅力。在教学中，教师在选择运动项目的时候要将其与学生们的兴趣爱好结合起来，并且树立团结和帮助的理念，让学生充分地体会到体育运动带给他们的快乐。[3]

5. 实施多元化体育课堂教学

不同年级的学生在身体素质上显然存在明显的差别，这就为实行多样化的体育课堂提供了有利的条件。在具体的教学过程中，教师要尽可能地把每个学生的需要都考虑进去，让课堂变得有趣，促进他们的体质的提升。[4]

---

[1] 张恩才，邓立新. 其他创造性思维在大学体育教学与训练中的运用研究 [J]. 江苏第二师范学院学报，2018（12）.

[2] 陈小莲，张晓龙. 将创造性思维运用于大学体育教学和训练的方法与路径研究 [J]. 开封教育学院学报，2018（2）.

[3] 刘姝华，马炳章，张晓. 新时期虚拟现实技术应用于大学体育教学与训练中的实证研究 [J]. 长沙铁道学院学报，2017（36）.

[4] 唐新江. 大学体育教学和训练中创造性思维的应用研究 [J]. 当代体育科技，2021，11（31）.

二、高校体育教学与训练的创新探索之 VR 教学

（一）VR 技术在高校体育教学中的应用策略

1. 构建 VR 环境呈现体育技巧知识

在当前的体育教学中，教师往往可以利用 VR 技术将体育技能知识充分地展现出来。具体到实践中，可以让学生们自己去看 VR 视频，这样就可以让自己对体育项目的各种动作能够产生更为深刻的认识。

具体而言，在开展篮球教学的过程中，如果想要深入讲解投篮的各种技巧，教师就可以首先利用 VR 技术来制作一段投篮视频，在这个视频中，有职业运动员的投篮，可以让学生直观感受他们投篮的风采。

在上课的时候，教师可以让学生观看 VR 录像，这样他们就可以身临其境地感受到投篮的乐趣，并在欣赏的过程中逐步掌握投篮的技术。在学生看完录像后，教师就可以组织学生对投篮的技术进行分析，从而能够让自己的认识上升到理论层次上。

2. 借助 VR 视频辅助体育技巧讲解

在体育教学中，教师不仅要让学生进行自学，而且还应该辅之以针对性地进行讲解。如果仅仅观看 VR 视频，那么学生们往往只能知道动作的大体过程，却无法真正理解其中蕴含的原理。举个简单的例子，通过 VR 技术的辅助，我们可以很清楚地看到一个人的手臂是哪个地方在发力，但是却无法明白其中的原理，而这个时候，就需要教师来解释了。

所以，在教学中，教师可以通过 VR 视频的辅助，从而让学生明确各种运动技能的讲解情况，与此同时，还可以将自己的动作与 VR 视频进行对比，将运动动作的详细过程，从理论的角度进行阐述，从而夯牢学生的理论认知。

3. 利用 VR 强化学生的理解记忆

教师在教学的时候，不仅仅需要讲述理论知识，同时还应该通过各种方式，加强学生的理解和记忆，这样才能使他们能把所学的理论知识牢牢地记住。在当前的时代背景下，教师就可以通过虚拟现实技术，为学生创造出一种特定的体育运动场景。

例如，教师可以利用虚拟现实技术，构建起以一种"教练员"的场景，并在场景中设置特定的运动场景，让自己的学生也能够扮演教练的角色，这样就可以分析这些画面，从而做出技术上的判断。如果有技术上的错误，则需要及时进行修正。

（二）VR 技术在高校体育训练中的应用方法

在当前的大学体育教学中，学生不仅要接受教师传授的各种知识，同时，还应该让学生都能够接触更多方面的内容。在当前的竞技运动这种，教师要对学生倾注更多的热情，使其熟练运用实战技能。

1. 利用 VR 技术构建训练情境

如果只有学生在一个单调的环境下进行训练的话，肯定不会有太大的热情。因此，利用虚拟现实技术，可以为学生建立一个多样化的培训环境，使学生能够多接触不同的场景，从而积极进行锻炼。

例如，在一些球类项目的训练过程中，教师就可以建立"与明星同队"的训练情景，将那些学生喜爱的明星带入 VR 场景中，这样，学生就可以和自己喜爱的明星一起进行训练，显然能提高训练效果。

而且我们还可以让学生观看明星球员的训练，从而让自己的技术能够得到逐步完善。另外，我们还可以创造其他种类的培训情景，为学生提供多种选择，从而提高他们的培训积极性。

2. 通过 VR 构建实战情境进行训练

对于体育训练而言，学生不能只做简单的重复，也要着眼于实战。教师可以让学员们多参与实战，从而能够逐步检验自己的技能，发现自己的缺点。这样，教师完全可以利用虚拟现实技术来建立一个真实的环境，使学生进行训练。

举个例子，在开展篮球运动的时候，我们可以把学生最喜欢的赛事作为背景，然后挑选出几场比较有名的比赛，建立一个 VR 场景，让学生们扮演自己喜欢的球员的角色，在 VR 游戏中进行各种技术的练习。利用虚拟现实技术，可以为学生建立真实的战斗环境，提高他们的水平。

3. 借助 VR 技术检验学生训练情况

在应用 VR 技术的时候，教师不应该局限它的作用，而是可以从多维的角度出发运用这种技术，比如可以用 VR 技术对学生的训练进行检查，发现他们在运动技术动作方面的不足之处，并进行引导。

具体来说，就是利用摄像设备，对学员进行培训，并利用 VR 技术，将其转化为 VR 场景。随后，教师还可以将虚拟现实引入到学员们的训练中，对他们的身体各个部位进行全方位的观察。

之后，教师就可以根据学员所普遍反映出来的技术问题，提供针对性的建议，协助他们进行最优的培训。除此之外，还可以在虚拟世界中搭建师生沟通的空间，创造和谐的师生关系。

总之，虚拟现实技术是非常有应用价值的，这在大学体育教学中得到了展示，很显然，它具有沉浸性、交互性的特征，为体育教学的顺利开展提供了多种途径。而作为一名体育教师，则要灵活地使用 VR 技术。①

---

① 田伟. VR 技术在高校体育教学及训练中的运用探究［J］. 体育风尚，2020（2）.

第二章 高校篮球教学理论与训练实践研究

篮球运动是世界上很受欢迎的球类运动之一。本章首先分析了篮球运动的相关基础性知识，接着进一步探讨了篮球运动教学与训练的基本理论，论述了篮球技术教学与训练，最后详细地探索了篮球战术教学与训练方法等相关的内容。

第一节 篮球运动概述

一、篮球运动的起源

16 世纪时，阿兹特克人所打的球经过逐步地演变就成了现在的篮球。如果把一个实心的橡胶球扔到操场上，胜利者就可以得到看台上所有人的服装，失败者将会被斩首，这是当时的规则。[①]

现代篮球从 1891 年开始兴起于美国，最初是詹姆斯·奈·史密斯博士（Dr. Sames Naismith）引领大家开展这项运动的，他是马萨诸塞州的一位体育教师。那时候美国正经历着一场罕见的暴风雪，天气情况非常不好，人们处于极度的寒冷中，学生不愿意在寒冷的冬天外出锻炼．但是在当时的情况下，也没有足够的室内比赛项目，这时奈·史密斯决定改变传统的室内体育的授课方式。奈·史密斯受到了工人和孩子们的启发，发明了一项新的运动——篮球。

一开始，他打算把两个桃篮子固定在体育馆两头看台的围栏上，篮子的开口是水平的，篮子的顶端离地板有 10 英尺高。运动员可以用足球作为自己的比赛工具，把球扔进篮筐里，如果顺利进入，就可以得到 1 分，这种比赛是根

[①] 白敬锋．篮球运动传播［M］．北京：旅游教育出版社，2019：41．

据得分的多少来决定胜负。因为它最早是用桃篮当篮筐的，所以人们就给它起了个"篮球"的名字。1893 年，铁篮子代替了桃篮，为了更好地约束球的下降，还在篮子下面悬挂了一张网。在 1913 年之前，篮网底被切开，变成了现在这个样子。

奈·史密斯死于 1939 年。为纪念这位伟大的篮球前辈，国际篮联于 1950 年第一届世锦赛期间召开了首次中央大会，将金靴奖定名为"奈·史密斯杯"。1959 年，美国在春田大学修建了奈·史密斯篮球纪念碑。

一开始，篮球比赛的规则很简单，不需要太多的人，不需要太大的场地，不需要太多的时间，只要两队的人数大体上相同即可。

在比赛开始之前，两队球员分列两条边线，当裁判吹响哨子，把球扔到场地中央的时候，就宣告比赛开始。持球者可将球投到篮筐内，先到达规定得分的一方获胜。

1892 年，奈·史密斯颁布了最初的 13 条规则，其中最重要的一条就是：不能带球跑，不能做粗鲁的动作，也不能用拳头打击对手。因为这是一项平等的运动，而不是暴力的角逐。

比赛分为上半场和下半场，每一场 15 分钟。两者之间有 5 分钟的间歇。然后逐渐减少每队的参与人数，从 10 人到 9 人再到 7 人。到了 1893 年，就改成了每队 5 人。

1915 年，美国制订了一套全国性的篮球比赛规程，把它译成许多种语言，分发到世界各地。1932 年，世界上最早的一部统一的比赛规则是由美国大学所采用的。在篮球运动的发展过程中，球场设施也在不断地改善，相应的比赛规则也实现了逐步完善。

二、篮球运动的特点

（一）组织的集体性

篮球是一项具有很强的对抗性的比赛，这一特点贯穿在比赛的全过程中，而且随着比赛水平的提高，比赛的对抗性也在逐渐增强。[①] 所以，要赢得这场竞赛，除了要有高超的技术之外，还必须要有良好的团队协作能力。因此，如今的篮球球队尤其推崇集体主义。

---

① 毛剑杨，刘海磊．篮球运动理论与育人实现途径研究 [M]．成都：西南交通大学出版社，2018：51．

（二）运动的快速性

在篮球比赛中，每一次攻击都要控制在 24 秒以内，超过 24 秒即为犯规。篮球比赛应在保持快速性的同时，不断加速进攻，争取对比赛的主动权，这样才能赢得比分。对于运动员来说，就应该不断地提高应用技巧，逐步加快战术配合的步伐等。这就给篮球带来了新的内涵，并且其中的一些的要素比如快速、质量等就成了世界上最好的球队所追求的目标。

（三）技能的开放性

在篮球运动中，比赛的情况瞬息万变，往往没有万能的技术、战术可以一劳永逸，在具体地使用时会有很大的不同。在实际操作中，技术动作的结合结构总是会发生改变。战术配合的组织与应用并非单一的，更多的时候需要运动员在比赛中做出正确的判断。从这一点可以看出，篮球是一种开放性的运动。具体到比赛中，技术的使用显然是非常重要的，它不仅会影响运动员的竞技能力，并且还对整个球队的战术水平会产生很大的影响。

（四）战术的多变性

篮球是一种以双手控球、以投篮得分为主要活动方式的运动。所以，运动员的技术动作是多种多样的，从而形成了战术变化的特征。具体到一场篮球比赛中，赛场上的形势是瞬息万变的，这是篮球比赛的一个主要特点。在很多的时候，固定的套路和一成不变的打法已经很难适应现代比赛的要求，所以运动员在运用各种篮球战术的时候就应该秉承灵活多变的原则。在具体的竞赛环节，运动员要针对不同的情况及时调整自己的状态，为赢得比赛奠定坚实的基础。

（五）竞争的对抗性

从本质上来说，篮球所拥有的对抗性是很强的，在比赛的时候，队员有直接的身体接触，攻防的激烈对抗性是比赛的明显特点。它主要体现在有球员之间的对抗、抢篮板的对抗、球员的意志素质的对抗等。在各种的竞赛中，对抗都是一种很高级的表现形式，它是运动员的竞技意识与能力的一种直观反映。

（六）比赛的观赏性

篮球是一项极具技巧性和观赏性的社会文化形式，它能够将人类的精神气质和美感表现得淋漓尽致。此外，大量篮球球星的登场更是给这场球赛带来了一股强心针。

在篮球赛场上，往往赛场上的形势是瞬息万变的，不仅充斥着失败者的沮丧，同时还有胜利者的喜悦，这些不同的情绪与情感都是令人难以忘怀的，这充分说明了篮球具有极强的观赏性。像乔丹、约翰逊这样的 NBA 球星，他们把篮球智慧的运用提升到了艺术的高度，这对于我们而言显然是一种艺术的享受，也给我们带来了很多的思考。

（七）运作的商业性

职业篮球运动员在国际上往往有很多的机会参加诸如奥林匹克这样的大型比赛，这有力地促进了世界篮球运动的发展和进步。随着篮球运动职业化的深入，各个国家都纷纷成立了自己的职业联盟，这些联盟也在这几年中迅速发展起来。职业篮球联赛的兴起，极大地促进了全球篮球运动的商业化进程，使其步入商业化的轨道。在此种背景下，运动员以及运动队技术水平等开始逐步走向商业化的道路。所以，国内外各大篮球比赛的主办单位都开始以多种形式从事体育经纪业务，这说明了篮球运动的商业化特征，并将其作为一个新的发展方向。

（八）比赛的职业化

近代篮球运动从建立至今，伴随着比赛水平的提升，比赛规则已经实现了日趋成熟，在世界范围内也取得了长足的发展。运动员智力、技战术水平也得到了不断提高。到了 20 世纪末，随着美洲、澳洲和亚洲等地出现了专业篮球俱乐部，而美国的 NBA 队员也在世界范围内进行比赛，这标志着现代篮球的发展。从世界范围来看，职业篮球已经成为一种新兴的产业。

三、篮球运动的价值

（一）篮球运动的生理健身价值

1. 可提高人体的生理机能

首先，因为篮球的开展对运动员的身体素质有很高的要求，所以，运动员应该注意对抗力量、连续跳跃、高速跑动等方面的训练。只有这样，他们机体各个部位的肌肉才会得到发展。[1]

其次，篮球可以加快身体的新陈代谢，进而加强血管、心脏等各个器官的

---

[1] 张伟，肖丰．高校篮球运动教学理论与方法研究［M］．北京：新华出版社，2019：3．

功能，体内的器官有较强的功能，那么人们的身体素质和免疫力也会得到同步提高。

最后，因为在篮球运动中的状况是很不确定的。这就要求运动员必须掌握不同的配合能力，除此之外，还要求他们应该进一步具备适应环境变化的能力。所以，我们需要经常性地进行篮球锻炼，这样就可以提高身体的各个感官，特别是视觉感受器的机能。此外，多进行锻炼对于提高动作的精细度以及对空间和方位的把握能力都有很好的促进作用。

2. 可提高练习者的身体素质

由于篮球运动的特殊性，所以就要求运动员应该具备较强的身体素质，在耐力、柔韧等方面都要有一定的要求。此外，由于篮球是在高速奔跑状态下进行的，因此运动员在跳跃、跨步、起动等动作过程中都会运用各个关节的韧带和肌肉。只有经常进行锻炼，才能有利于身体的柔韧性的提高。

（二）篮球运动的心理保健价值

1. 可锻炼顽强的意志

在比赛中，两队的运动员都是直接面对对方，所以，他们不仅要有良好的身体素质，还要有良好的技术和战术素养。运动员在比赛中要战胜对手，才能取得胜利。

2. 可创造良好情绪体验

第一，参与篮球运动可以调节情绪，提高人的幸福感，进而提高人们的自信心，同时也可以很好地治疗神经衰弱等疾病。

其次，积极参与篮球运动可以增进队员间的关系，让他们之间的交流变得更为频繁，这对于那些不愿意与人交往的人来说是很有好处的。这样既可以提高他们的人际关系，也可以让他们认识到自己的价值。

最终，如果赢得了比赛的胜利，对于运动员而言也是一种精神的嘉奖，也可以让他们获得一种兴奋和快乐的感觉。

3. 有助于塑造健全人格

从微观角度看，篮球比赛一场人与人之间的直接较量；从宏观的方面来说，这是一场团队之间的竞争。要想在篮球比赛中获胜，就必须要有强健的体魄、高超的技术、良好的团队精神。

（三）篮球运动的社会层面价值

1. 影响社会规范

对于每一位参与到篮球运动中的人而言，他们都要受到竞赛规则的约束。

而在整个赛事中，体育道德精神显然会对人们的行为准则产生很大的影响，这样就可以让人们能够对现代社会的一些交往方式进行演练，同时也有助于人们养成文明健康的社会行为习惯。同时，篮球运动可以通过道德精神的限制，让人们可以在一种公正、合理的环境下展开攻防的较量，也可以让人凭借自己的聪明才智和技术去赢得比赛。从深层意义上来说，篮球也是一种文化约束。

2. 影响练习者的情商

由于篮球运动具有明显的统一性，同时还展示出了一定的对抗性和集体性，所以在具体的运动过程中，就要求运动员有果断的意识，并且能够进行有效的配合。所以，运动员要有应变的能力，同时也要求他们进行紧密合作。由此可见，打篮球可以锻炼运动员的心理承受力，并让他们积累赛场上的各种经验，这样才能不会惧怕生活中的困境。

3. 可以增进国际交往和友谊

篮球是一项非常流行的运动，所以它已经成了国与国之间进行沟通的一种重要手段，也是不同群体之间建立友谊的一种途径。不同语言、不同国籍的人都能透过一种全世界共同的"语言"——篮球，增进彼此间的联系。

第二节 篮球运动教学与训练的基本理论

一、篮球运动教学的基本理论

在现代教学论的框架下，所有的教学过程都是一个复杂的信息交换体系，而这个体系的中心就是认知活动。所以，教师在进行教学的时候一定要按照有关的科学理论对教学实践进行指导。

（一）篮球运动促进文化素养的提高

篮球是一项极具科技与人文内涵的运动，也是一项极富哲理的运动。因此，在篮球比赛的教学过程中，教师可以通过多种方式启发学生向着正确的方向发展，并让他们逐步养成良好的个性。在篮球运动的教学与训练中，学生能够获得一些科学的知识与技能，也能提升自身的文化素养，进一步建立个性的人格魅力，同时也能让相关的身体器官得到充分锻炼。

（二）篮球运动促进智能的发展

从当前的状况来看，把篮球看作是一场技术与体力的比拼一点都不为过，同时，它更是一场意志与智力的较量。一个人的智力、毅力和创造力的高低常常会影响到一场比赛的结果。这是由于篮球运动在攻防对抗中所展示出来的复杂性、多变性和技巧性，它都需要运动员拥有快速反应的能力，并做出准确的判断。它可以激发人的正面思考动力，从而提升人的整体智力。

（三）篮球运动促进个性的完善

篮球对健全人的人格具有特殊的意义。篮球比赛为学员们提供了广阔的场地，可以培养他们良好的心理品质。尤其是在体育运动中，人们的性格、情绪控制、进取心等方面都会得到极大的提高。

篮球是一项高强度的对抗性运动，所以在进行比赛的时候，运动员身体所承受的负荷也是很大的。这就要求运动员应该积极克服心理障碍。因此，在具体的篮球运动中，需要运动员有顽强拼搏的精神毅力。此外，参加体育活动还能培养队员团结拼搏的品质。

（四）篮球运动促进创新能力的培养

篮球是一种极具创造性的活动，它的技战术应用也是非常复杂的，运动员在比赛中要灵活使用自己的技能，做出及时的果断、迅速地响应。比如，要想争取主动，就需要在观察、判断的基础上，制定出有效的组合动作，从而最大限度地与对手对抗。这就要求篮球运动员应该灵活运用自己的技术动作。这要求参赛选手必须具备一定的创造力。

二、篮球运动训练的基本理论

篮球训练的成功开展离不开扎实的学科理论基础。所以，有必要深入地研究篮球训练的基础理论。[①] 篮球运动训练理论是一种专门的理论，它以培养运动员的竞技能力，提高运动员的专项表现为目标，从而对各种理论进行指导训练。

---

① 刘海明. 基于系统科学理论的篮球运动训练管理与方法探索 [M]. 北京：中国原子能出版社，2018：42.

（一）周期训练理论

周期训练理论是训练安排和制订训练计划的基础。周期训练理论的提出源于人体育教学中的周期性训练原理，为体育教学的顺利开展提供了依据。周期性训练理论的产生是基于对体育训练规律的深入理解，是建立在机体运动规律的基础上产生的。

周期运动训练的流程是一种循环往复的状态，但并不仅仅是知识的简单重复。它是在前一周期的基础上，对训练的要求进行进一步的提升，这样运动员的竞技水平就会得到持续的提升。

（二）训练调控理论

1. 超量恢复原理

超量恢复指的是在运动之后，所消耗的物质不仅会恢复如初，甚至还能达到更高的水准。"过度恢复"理论认为，这种现象是人体的一种预防和保护性的机制，这对于训练的调节与控制，有着很大的价值。

2. 应激性原理

当机体受到了外界的一些强负荷刺激之后就会产生的一种身心结合的反应，这就是应激。应激一般指的是机体精神上的紧绷状态。

在体育训练过程中，运动负荷不可能一直保持在某一水平，只有通过持续的增加负荷，才能使身体逐步摆脱原来的保持平衡，达到新的负荷水平。经过一段时间的稳定之后，才能让自己的机体能力得到提高。

将压力理论运用到运动训练中，不仅可以防止疲劳的发生，也可以防止过度训练。除此之外，还可以通过对运动后恢复的过程自己进行调节，实现强化合成代谢的目的。

3. 恢复性原理

机体功能在康复的各阶段基本相同，但其康复时间呈现出显著的异时性特征，这一差异对于体育训练的组织和调节至关重要。运动员在运动训练期间及运动结束后，其功能恢复的时间存在时间非等性。因此，正确地应用运动控制的科学原理指导运动员的调整与恢复是非常有必要的。

第三节 篮球技术教学与训练分析

篮球技能在整个竞技运动的过程中往往都起着至关重要的作用。运动员在赛场上会有全方位的综合体现，我们可以借此直观地感受到运动员的运动水平。篮球运动之所以能够经久不衰，关键在于它的不断更新与提高。[①]

一、篮球技术教学与训练中的问题

（一）学生对篮球的基础动作认识不够

在篮球比赛中，基本功是非常重要的，在整个的教学过程中，这也是每个运动员必须掌握的一项基本能力。无论是在何种比赛情况下，篮球技术与战术之间都存在着一定的相关性。

只有掌握正确的、规范化的篮球基础动作，才能够更快地学习更多难度较高以及较为复杂的技术。所以运动员在学习相关的篮球基础动作时一定要保证动作的规范性，为后边的学习打下良好的基础。

比如，在做一些保护性的动作时，有很多的运动员都会违反比赛的规则，有时候会出现违法使用双手的现象。在此种背景下，由于这种不标准的动作的存在，使得他们在场上经常出现犯规，这是需要克服的。

（二）学生不注重组合动作的训练

对于一个运动员而言，综合技术的训练是非常有必要的，这也是运动员应该充分重视的。从当前的教学与训练来看，篮球运动技能的教学是一个由浅入深的过程。许多运动员在最初的时候并没有将注意力放在训练上。另外，教练也相信，这种基本的训练对于运动员来说是很容易掌握的。因此没有必要太过苛刻，这些想法都是比较片面的。

在篮球运动中，我们可以借助一套基本的动作结合将其进行灵活组合，这样就可以形成很多不同的技术动作，由于在当前的背景下我们对基础动作的教学没有太高的要求，所以训练就达不到预期的目标。

---

① 王荣. 篮球教学与训练的多维探究［M］. 天津：天津科学技术出版社，2020：51.

具体到实践环节,运动员就应该意识到动作衔接的重要性。但由于许多教练员对此方面的知识没有产生深入理解,所以导致很多的组合无法达到预期的效果。在现实的篮球运动中,由于结合技术的质量不高,所以,从实用的角度来看也存在很多问题。

(三)实践教学与理论教学不够均衡

在普通高校篮球的技能教学中依然存在着一系列的问题,比如理论与实践的脱节。有些教练员只注重理论教学,而忽视了实际训练。此外,还有一些教练员过分注重实践,但是他们学生的理论知识不牢固。

理论和实际的不均衡会造成学生的学习成绩下降,尤其是由于理论知识具有基础性的作用,如果掌握得模棱两可,就会造成学生在篮球技术的学习中出现盲从的现象。学生只懂实践不懂理论,就会导致在场上遇到突发状况时难以做出选择。同样的,缺乏实战经验也是一样,因为篮球是一项很实用的运动,如果没有足够的时间去练习,他们的技术水平也不会有太大的提升。

(四)教师队伍整体素质不强

目前,我国高校体育师资队伍中,教练员的综合素质较低,从而影响了体育教学的成效,同时也影响到了教练员工作的积极性。由于教练员和运动员对篮球运动没有产生较为深入的理解,因此并不能深入认识篮球的攻防关系,这导致运动员在实际的投篮中很难把握好时机。

经过了这么多的比赛,教练员和运动员如果没有从这些比赛中学到的东西,那么显然是不合理的,很大的原因在于他们对篮球比赛攻防规则的理解不到位。为了让生更好地掌握篮球技术,首先要让学生学会有关的动作,而对于技术动作的知识而言,其所涉及的内容是非常多的,这就要求教练员在教学时应该秉承合理的原则。

许的篮球技巧都是由教练亲自示范,或是让学生自己去看。然而,这种方法使学生无法对这些动作有较深的认识,同时也无法清楚地理解各个单个动作之间的联系。这是当前教学的一个弊端所在。

二、篮球技术教学与训练的对策

(一)加强学生对于篮球教学的认识

在进行篮球技能教学的过程中,学生应该对篮球运动产生一个全面、准确的了解,只有这样才能让他们明白学好篮球动作的重要性,才能使他们能够更好地抓住训练的机会,从而进一步提高自己的能力。只有保证了基本动作的标准化,才能保证高难度篮球教学的展开。教练员可以先挑选一些较为关键的动作,让学生进行对比,以达到更好的效果。这样也能提高他们在练习中的积极性。①

（二）提升学生对于组合动作的训练

一个学生要想在篮球场上打好一场比赛,只有基本的技术是不行的,还必须要学会更多的配合动作。在对组合动作的训练中,教练员在具体的教学过程中仍然需要确保训练过程的标准化,并且还应该注重教学过程的精细化,从而更好地完成训练环节。此外,在进行联合练习时要注重与实践的结合,这样才能保证实战中发挥出更大的作用。

只有通过艰苦的练习,运动员才能熟练地掌握各种组合技术,才能在持续的练习中发掘出新的东西,进一步提高综合技术的水平。具体到实际训练中,教练可以让学生多进行训练,比如安排一些战术上的配合训练,从而让学生能够对各种战术产生更为深入的理解,这样到了实战中学生才能更好地完成自己的动作。

（三）推动篮球技术实践与理论的融合

在教学实践的过程中,理论的作用是非常重要的,只有具备扎实的理论基础,教师的教学工作才能得到更好地展开。很显然,理论和实践是分不开的,因而在具体的教学中,我们要把这二者进行有机结合。

在安排理论知识和实践的活动时,我们应该均衡地把这两个方面进行区分,只有让二者结合起来,才能实现相互影响的目标。在实际的操作中,教师常常可以采用各种方式使学生的理论知识得到进一步的充实。只有将理论与实践相结合,才能加深学生对篮球运动的理解,让教学顺利开展。

此外,在进行相关理论知识的介绍时也应该做到同步更新。随着时代的发展,传统的篮球理论知识往往已经跟不上时代的发展,不可避免地出现了许多缺陷,因此,仍需继续创新。篮球是一项具有很强创造力的运动,我们也应该以创新的视角去对待它。

---

① 石宝华.高校篮球技术教学与训练问题研究[J].辽宁经济管理干部学院.辽宁经济职业技术学院学报,2020（1）.

(四) 重视篮球教练队伍的建设

在当前的教学中，教练员显然起着不可替代的作用。要想更好地开展工作，教练员就应该拥有较强的专业素质。与此同时，要想取得较好的教学效果，他们还应该积极进行学习，从而掌握更多的教学方法。从当前普通高校篮球的技能教学现状来看，教练员的素质仍有待加强。

对于很多的教练员而言，他们在实践和理论相结合方面存在不足，在实际操作中，教师就可以做出各种补救措施，让学生加深对理论知识的理解。与此同时，也有一些教练太过注重实践，而不注重理论，这也是不合适的。因此，需要对这些教练进行系统的知识培训，让他们的理论知识储备能够得到进一步的提高。

第四节 篮球战术教学与训练方法探索

一、篮球基本战术的教学

(一) 进攻基本战术

进攻基本战术配合是两名或三名进攻队员为了达到在局部地区以多打少，创造有利时机，避开防守队员制约的简单战术配合方法。

1. 进攻基本战术中的局部战术

(1) 传切配合

传切配合是进攻队员之间运用传球和切入技术，在篮下接到球后直接投篮的配合方式。传切配合按切入的方式可分为传切、背切和反跑三种形式。运用传切配合时，队员要注意先拉空篮下位置。切入队员看准时机用假动作摆脱对手，迅速侧身切入，传球队员应利用瞄篮、突破等动作来牵制和吸引防守队员，及时、准确地传给切入队员。

(2) 掩护配合

掩护配合是进攻队员利用合理的动作，如用身体挡住针对同伴的防守队员的移动路线，使同伴借此摆脱防守队员或直接为其创造投篮机会的配合方式。根据不同的掩护位置、目的和形式，掩护配合可以分为前掩护、后掩护、侧掩护、双掩护、反掩护、假掩护、交叉掩护等。

（3）策应配合

策应配合是指处于内线的队员背对或侧对球篮接球，由他做枢纽，与外线队员的空切相配合而形成的一种里应外合的方法。策应是优秀中锋的必备技能。策应配合要求策应队员要有很好的传球意识，能为队友传出好球。此外，策应队员还应具备一定的中投能力和外围突破能力，以有效地牵制对方防守队员。

需要强调的是，策应队员背对或侧对球篮站立并持球，用假动作积极吸引对方防守队员，注意观察场上情况并及时、准确地将球传给切入的同伴。

（4）突分配合

突分配合是指持球队员突破时，吸引对方其他防守队员过来防守，随即将球传给过来协防或补防队员所防的同伴的配合方式。球队可用突破分球的战术配合来吸引协防或补防队员，打乱对方的防守策略，还能为己方队员创造最佳的进攻投篮机会。

2. 进攻基本战术中的全体战术

（1）快攻

快攻是迅速由防守转入进攻，争取造成人数上的优势或趁对方防守阵脚未稳时发动进攻，是快速、有效的得分方式之一。快攻主要在抢获后场篮板球时、抢断球后、掷界外球时或跳球获球后发动，其主要形式可分为长传快攻、短传快攻和运、传相结合的快攻。需要把握由守转攻的速度和快攻的时机，快速完成进攻。

（2）阵地进攻

阵地进攻战术由多种战术和方法组成，是比赛中运用最多的战术，多在进攻队员正常落位的情况下进行，参与的人数较多。球队可以根据自己的优势攻其守方的不足，组织阵地进攻的时间较充裕，其所包含的技术、战术内容也较为丰富。良好的技术和灵活的应变能力是有效实施阵地进攻的先决条件。

（二）防守基本战术

防守基本战术是指为了达到破坏进攻队员配合的目的或当队友的防守出现漏洞时，2~3名防守队员相互协同行动的战术配合方法。

1. 防守基本战术中的局部战术

（1）夹击配合

夹击配合是两个防守队员利用有利的区域和时机封堵持球队员的传球路线，造成持球队员传球失误或受威胁的一种协同防卫的配合方法。

(2) 关门配合

关门配合是邻近的两个队员协同防守突破队员的配合方式。在防守队员积极堵截持球队员突破路线的同时，临近突破一侧的防守队员要及时、快速地向同伴靠拢，进行关门配合。

(3) 挤过、穿过、绕过

挤过、穿过、绕过常用于人盯人防守。

①防守队员通过挤靠自己所防的对手，从同一通道过去称为挤过。

②防守队员从掩护队员和防守掩护队员之间通过来继续防自己的对手称为穿过。

③防守队员从掩护队员和防守掩护队员的身后通过来继续防守自己的对手称为绕过。

④防守队员与同伴交换各自的对手称为交换防守。需要强调的是，队员要配合默契，给同伴预留通过的路径。

(4) 换人防守

换人防守是防守队员之间交换各自防守队员的一种防守方式，是破掩护战术最好的防守方法。需要强调的是，换人防守应注意队友间的呼应和交换的时机，若交换后会让进攻方有"以大打小"或"以小突大"等劣势时，建议采用"挤、穿、绕"的防守方式。

2. 防守基本战术中的全体战术

(1) 半场防守

半场防守又称阵地防守，其常用的防守战术有半场紧逼防守、半场区域联防（包括1—2—2阵型、1—3—1阵型、2—1—2阵型、2—3阵型和3—2阵型）、半场缩小防守等，不同的防守战术的选用取决于比赛所剩时间、进攻时间、得分及场上局势。

(2) 全场防守

全场防守是根据比赛的具体情况和球队特点选择合适的防守阵型的战术。常见的全场防守战术有全场人盯人（紧逼、松动）防守、全场区域紧逼防守（包括1—2—2阵型、1—2—1—1阵型、1—3—1阵型、2—2—1阵型、2—1—2阵型）、3/4场紧逼防守等。紧逼防守的效果取决于个人防守的质量、全队快速轮转换位的时机与默契程度，突然间变换防守阵型有时可有奇效。

(三) 快攻战术的教学

快攻是由防守转入进攻时，以最快的速度、最短的时间在人数上造成以多打少的优势，或在人数相等以及人数少于对方的情况下，趁对方立足未稳，果断而合理地进行攻击的一种速战速决的进攻战术。①

1. 快攻的类型

（1）长传快攻

队员在后场获球后，立即将球传给迅速摆脱对方进行偷袭的同伴的一种配合。这是由一两个进攻队员利用自己奔跑的速度和同伴长传球的速度超越防守来完成的。

（2）短传快攻

队员在防守中获球后，立即以快速的奔跑和短促的传接球逼近对方篮下进行攻篮的一种配合。短传快攻虽然在速度上比长传快攻慢，参加的人数多，但比长传快攻配合灵活而且变化多。

（3）运球突破快攻

在防守中获球后，在不便于传球的情况下，应快速运球推进，创造或寻找配合机会，以提高快攻的速度和威力。这是一种个人攻击在快攻中的积极行动，在推进时运球和传球要密切配合，注意防止盲目的个人运球，以免影响快攻战术的质量。

2. 快攻的组织结构

快攻是由发动与接应阶段、推进阶段和结束阶段组成。

3. 运用快攻的时机

（1）抢到防守篮板球发动快攻。当进攻队投篮或罚球不中时，防守队抢到篮板球后发动快攻。

（2）掷后场界外球快攻。当对方违例、失误或投中，罚中后要利用掷后场端线、边线球的机会发动快攻。

（3）抢到或断到球发动快攻。抢到或断到进攻队的球后应立即发动快攻。

（4）中、后场跳球快攻。利用上、下半场开局时的跳球和争球时的跳球获球后发动快攻。

（四）防守快攻战术的教学

防守快攻是防守战术中的重要组成部分，防守快攻应积极拼抢前场篮板球为前提。若对方获篮板球后，则应积极堵截其第一传的发动与接应，在逐步退守中，要进行中场堵截，采用"堵中间，卡两边"的办法，并切断快下队员与接应队员之间的联系。在后场防守中还要掌握以少防多的能力，并在此基础上争取迅速组织阵地防守战术。

---

① 向超宗. 学体育选项课教程［M］. 重庆：重庆大学出版社，2019：46.

（1）提高成功率，拼抢篮板球。在防守快攻发动中，提高进攻的成功率和拼抢篮板球不仅可以抑制对方发动快攻的次数，并且对本队由攻转守和组织好防快攻战术起着重要的作用。

（2）堵截快攻第一传和接应，有组织地堵截快攻的第一传和接应，这是制止对方发动快攻的关键。破坏对方发动快攻的路线也取决于封堵一传和接应。

（3）对方队员抢获篮板球后运用二夹一进行封堵第一传。

（4）防守快下队员：防守快攻时，除积极拼抢篮板球，堵截第一传和接应外。在退守过程中，还需注意防快下队员。

（5）提高以少防多的能力。当对方快攻推进时，防守队往往不能及时地后撤防守而形成以少防多的局面。为了防止这种局面的出现，防守队员要积极地移动，运用假动作进行干扰，并选择和占据防守的有利位置，给进攻队员制造种种困难从而造成对方的失误，或延误其进攻速度为同伴争取退守的时间。

（五）半场人盯人防守战术教学

半场人盯人防守战术是在篮球比赛中由进攻转入防守时，全队有组织地迅速退回后场，在半场范围内进行盯人防守的一种全队战术，是篮球运动中各种防守战术的基础。半场人盯人防守战术是以个人防守为基础，综合运用挤过、穿过、换防、关门、夹击等防守基础配合所组成的全队战术。

（1）防守原则。"以人为主人球兼顾"，控制对手，强调防守的整体性、攻击性、伸缩性和针对性。

（2）对持球队员的防守要紧，特别是持球队员在近篮区域，要控制对手的投篮、传球和突破。

（3）对无球队员的防守，应按照"球—我—他"的选位原则，根据对手距球或篮的远近，抢占有利位置，错位防守，控制对手接球。"近球紧，远球松"，注意相互协防。对手空切时，要按"向球或向篮封堵其前，背篮或背球封堵其后"的原则进行堵截和跟防。

（4）在个人控制住对手的基础上，要随时观察场上队员的攻防情况变化，准备及时协防、补防、夹击和抢断球，有效地控制防守区域。队员之间要相互呼应，加强联系，密切协作，破坏对方的进攻配合，共同组成全队部署，完成全队防守任务。

（5）半场人盯人的分工一般是根据防守的位置、防守能力和身体条件来确定的。如后卫防前锋、中锋防中锋、前锋防后卫，强防强、弱防弱、高防高、矮防矮、快防快、慢防慢等。

（六）区域联防战术教学

区域联防，顾名思义，就是联合防守之意。它分为站位联防和对位联防，如果与盯人结合，还可以变化成混防（混合防守）。联防与盯人的最大不同就是以盯人防人为最终目的，而联防则以防球为最终目的。把区域联防和人盯人防守两种战术融为一体，比人盯人防守更具有集体性，区域联防防守更具有针对性。

1. 区域联防的站位阵型

依据防守队员的站位形式，通常将区域联防分为2—1—2联防、2—3联防、3—2联防、1—3—1联防及对位联防等几种。其中2—1—2联防是最基本的区域联防。

2. 区域联防的基本要求

（1）根据区域联防的形式和队员、对手的特点等合理分配防守区域，最大限度地发挥队员在各自防区的作用。

（2）由攻转守时，除积极阻止对方的攻势外，应有组织地快速退守和及早落实防守位置。

（3）每个队员必须认真负责各自的防守区域，积极阻挠进入该防区的进攻队员的行动，并根据球的方位调整队形进行联合防守。

（4）对有球队员应按盯人方法紧逼防守，其余防守队员应积极移动，调整队形进行协防或补防，做到人球兼顾。

（5）对无球队员的穿插移动，要根据其离球的远近和队友的位置积极抢位、堵截和护送，并及时与队友呼应联系，不让对手向有威胁的区域移动或接球。远离球的防守队员应起指挥作用。

（6）进攻队员投篮后，每个防守队员都应积极堵位和抢位，有组织地争抢篮板球并及时发动快攻。

二、篮球战术的主要训练方法

（一）加强战术意识的培养

在各种运动中，篮球运动的对抗性是很强的，而战术意识显然处于篮球运动的核心。很显然，通过赛场上的表现，就能反映一个人的综合素质。[①] 只有

[①] 姜文生. 论高校篮球训练中战术意识的培养［J］. 当代体育科技，2022（14）.

具备了良好的战术意识，学生才能领会战术意图，从而在比赛中贯彻正确的战术动作。对于普通高校的篮球教师来说，他们在具体的教学环节应该重视对学生战术意识的培养。

1. 重视篮球专业知识教学

教师在教学的同时还应注意篮球专业知识的传授，进一步健全他们的知识架构，让学生能够对篮球方面的知识产生更为深入的理解，只有这样学生才能将所学的知识应用到实践中。从本质上而言，篮球战术就是球员的思维博弈，对于他们来说，要从对手的战术配置、技术组合等方面进行思考，并找到相关的突破口。据此球员才能对赛场形势进行判断，其效果在很大程度上依赖于球员对各种知识的了解。

2. 注重灵活性

篮球战术的实施并非静止不变，它是一种动态变化的过程。在篮球比赛中，情况是千变万化的，对手也会根据自己的判断来改变自己的战术。这个时候，运动员要有一种非常敏锐的观察力，使得他们可以注意到场上的情况。

这就要求教师要培养学生的思考与观察能力，这样就可以让学生的思考能力以及应变能力都能得到同步提高，从而更好地应对赛场上瞬息万变的情况。

3. 注重情绪与心态

一个人的战术意识的培养需要平时的积累，其发挥也离不开赛场上的冷静。如果一个运动员在球场上的心理状态出了问题，那么再好的战术也不可能实现。教师要加强和学生的联系，做好学生的心理咨询，培养他们顽强拼搏的精神品质，为赢得比赛奠定基础。

（二）优化战术训练步骤

此处从理论上分析了普通高校篮球教学中存在的问题，并且提出了具体的对策。这里以拿攻击策略的训练为例展开说明。

第一，对于高校的教师来说，他们要根据学生的性格特征和进攻特长来为他们制定合适的攻防策略。与此同时，教师还应该根据球队的具体情况，将其与球队的具体安排相结合，在此种情况下才能逐步形成一个完整的整体进攻策略。

在这个过程中，教师应该让学生意识到个人战术的作用，从而让他们能够明确整个进攻计划的意图。只有这样学生才能了解到这种攻击策略的具体原则。教师要针对不同的学员传授并讲解一些特定的战术要点，这样才能协助学员解答疑难之处。

第二，与篮球技术训练相比，战术训练的难度往往较大。在比赛中，一方的战术发挥极易被对方干扰，从而导致整个战术的实施陷入混乱。所以，从理论上讲，到战术的运用，都要经历一段仿真转换的过程。

大学篮球教师在具体的授课过程中，还可以让学生积极进行训练，比如多做一些无防守的战术训练，这样可以让他们轻松地达到自己的战术目标，并且让他们在重复的练习中，让战术日臻纯熟。

第三，对于任何的一种战术而言，都不能仅仅靠仿真来完成，必须让学生在战场上灵活地使用所学的战术，只有这样才能更好地达成教学的目标。在当前的背景下，大学教师可以根据学员的具体状况，多采用一些对抗比赛的方式，在实践中对学生进行指导。

（三）创新战术训练策略

在比赛的过程中，应该科学、合理地运用战术策略，这样才能有效地提高训练质量，让学生的学习积极性能够得到最大限度地提高。对于普通高校的篮球教师而言，他们就应积极掌握最新的战术训练战略，与此同时还应该进行创新。

1. 分练和合练相结合训练法

大学教师在具体的教学过程中应该将学生进行合理分组，在分小组的时候应该秉承一定的原则，并且还应该对每一组的学生做出一定的说明，使学生对自己的策略有初步的了解。之后，教师还可以组织学生进行局部的练习，让学生能够在球场积极进行各种打法的练习。同时，他们还应该积极观看学生的练习，及时地纠正他们战术训练时存在的问题。对于大学教师而言，他们也可以组织学生进行合练，从而实现最佳的战术应用效果。

2. 情景联想法

顾名思义，这种方法就是学生在脑海中勾勒出各种场景，然后进行战术实战的模拟。与传统的训练方法相比，这是一种比较新颖的方法，它在其他的体育项目中也得到了广泛的应用。在篮球训练中，教师也可以参考这种方法，让学生在篮球场以外的地方，进行头脑中的模拟训练。

（四）将战术训练与日常训练进行融合

1. 加强运动员的战术意识与配合意识

要提高运动员的篮球战术意识，就必须在平时加强对学生的基础能力以及技能训练。与此同时，教师还应该提高和增强运动员的战术意识。而对于整体的团队合作意识而言，也是要在平时的篮球实践中逐渐积累起来。所以，具体到平时的基本功练习时，教练就应不断地提示运动员，让他们的各项基本动作使用方式都能够得到一定程度的提高。

比如，在"活动侧跑"的练习中，教练要先解释侧跑的功能，也就是为了观察比赛中场上的情况，为后续的接球进攻做好充足的准备，在赛场上这也是进行进攻的一种重要方法。还有一种情况就是在"原地运球"的时候，教练会让运动员的眼睛直视前方，这样才能更好地观察到场上的情况，从而观察到队友的动向。

在平时，教练也应该进行各种技术训练，在这个过程中，他们应对场上各类技术动作的功能进行讲解，以进一步增强学生的技术应用意识，从而提高他们的实战能力。

2. 要对篮球技术进行战术化的训练

在平时的训练中，教练除了要让运动员了解各种技术，还要让他们知道在不同的情况下，怎样灵活地使用相同的技术，怎样把它与其他的技巧衔接起来等等。

当运动员已经基本掌握了一定的技术水平之后，教练应将其置于各种不同的情况下，使其能够在不间断的情况下熟练地运用篮球技术。比如，当运动员已经熟练地掌握"急停跳投"这一技术之后，就应让运动员对此项技术的特性和适用条件进行深入的研究。

3. 对篮球队伍进行整体化的战术训练

在训练环节，个人配合训练所占的比重是非常大的，对于整个球队战术的发挥来说，个人配合在其中发挥出了很大的作用。随着球的整体攻防战术和变化个人配合训练，就已经被纳入教练员的训练计划之中。在训练中，教练员注重对各项技术动作的把握。

通过分析当前的篮球运动，可以看出其中存在很多技术和战术问题，并且这些问题在实践的过程中也都比较复杂。所以在训练中，教练员要把握住问题的关键点，积极采用有针对性的措施，只有这样才能让训练的总体效果得到提升。对于教练员而言，他们也应该对球队进行战术训练，这样才能进一步提高球队的战术水平。

（五）教练要制定适合团队自身的战术

1. 制定完善的攻守战术方案

篮球团队在进行训练的时候应该以团队协作战术为主要内容，强调什么样的比赛风格和配合，应该采用什么样的战术，所有的这些问题都是教练们要进行深入思考的。

通过分析当前的篮球比赛，可以看出运动员是不可能完全掌握和灵活使用所有的技术的，在当前的情况下，一支篮球队的战术打法也往往具有一定的相似之处，所采用的往往都是相似的一套攻防战术，而后会根据具体的情况进行一定范围的调整，但是，显然这无法从根本上改变整个计划。所以，如何针对球队的特点，制订出一套行之有效的攻防策略，是提高篮球技能训练效果的关键。①

2. 对队员的技术特点进行分析

教练员的作用是极为重要的，他们只有发掘和识别不同运动员的特点，才能更好地指导他们。只有及时发现运动员的特征，而后才能逐步对运动员开展有针对性的训练，从而让他们的潜能得到最大限度的发挥。

在充分了解运动员的潜力和技术特征后，教练员就可以根据自己队员的优势，制订出一套完美的攻防策略，这样就可以更好地发挥球队的技术优势。比如，在篮球比赛中，中锋的位置往往是比较重要的，所以教练可以建立一个以中锋为中心的防守系统。要想获得更全面的发展，就必须结合球队的特点，让整个技术体系更为完善。

---

① 范勇. 篮球训练中进行篮球战术训练的策略试析 [J]. 文体用品与科技，2022（3）.

第三章　高校足球教学理论与训练实践研究

高校现阶段对足球运动的教学和训练只有真正从学生的角度出发,"以人为本",才能够更好地实现教学。作为运动项目,足球中的任何训练内容都并非一蹴而就,必须长期坚持,才能达到最终的效果和目标。本章主要论述了足球运动概述、高校足球技术与战术教学、高校足球运动身心素质训练、高校足球人才的培养等内容。

第一节　足球运动概述

一、足球运动简介

足球是一种主要由双腿控制的球类运动。与其他的运动项目相比,足球是一种对抗性很强的体育运动。在比赛中,双方都有很强的攻击性。在竞赛中,选手的选择余地是无限的,这就要求选手具有很强的个人实力与创新精神,要求整个团队的行动高度一致。

英国是现代足球的发源地,1863年10月26日,在伦敦弗里森饭店,十一家伦敦最大的会所及学院,联合成立了英格兰足协,并制定出全球首部标准。这一天,是值得被铭记的。

有很多国家为了适应足球的发展,于1904年5月21日成立了足球联合协会,英文简称为"FIFA"。中国是足球的发源地,足球就是古代中国的蹴鞠。[1]

---

[1] 姜振捷,徐云鹏.体育与健康[M].重庆:重庆大学出版社,2021:96.

二、足球运动的特点

（一）参赛人数多，集体性强

一场足球比赛由两个队伍组成，每队 11 人。在攻防活动中，成员之间不仅要互相配合，还要发挥出自己的特色，只有这样，团队的优势才能得到最大限度的发挥，从而赢得比赛的胜利。

（二）争夺激烈，对抗性强

足球比赛要想得到顺利开展，就应该遵循一定的规则，两队球员为争球而发生的碰撞是不可避免的。

（三）比赛场地大，时间长，运动负荷大

足球赛的场地为 90~120 米，宽 45~90 米。整个比赛往往需要大概 90 分钟的时间，球员们在抢球的过程中就可以完成大量的技术动作，并且还需要利用一定的战术。

（四）技术复杂，战术多样，难度大

因为在足球比赛中，球的控制、射门等都是由脚来完成的，所以从技术动作的角度来看，它的技术动作要比其他的运动更难掌握。而且要在如此激烈的战斗中，完成不同的战术组合，这就更难了。

（五）趣味浓厚，容易开展

足球的规则是我们所不能改变的，在比赛的时候就需要在正规的场地上进行，但是在具体的参赛过程中，队员往往具有很大的灵活性，比如，球场和球门可以是很大的，也可以是很小的，除此之外，在一定的空间内，比如沙滩、弄堂等，都可以进行训练。相较而言，足球的规则是很好理解的，所以，具体到比赛环节，我们并不会受到规则和气候的影响，所以开展起来没有很大的难度。[①]

三、足球运动的功能

（一）健身功能

足球是一种综合性的有机体的运动，它涉及身体的各个部分。通过对人体

---

① 张博，于刚. 教你踢好足球 [M]. 天津：天津科学技术出版社，2019：5-6.

各个部分的锻炼，可以有效地改善人体的功能，从而使人们的身体素质得到很大程度的改善。

一般而言，足球运动往往是在室外进行的，那么，外界的各种因素，都可以影响到其训练的过程，我们应该选择合适的时间进行锻炼。很显然，足球运动在改善机体功能方面发挥了很大的作用。

（二）经济功能

足球的发展趋向于高度国际化，这也是足球运动具有相当大的经济效益的原因。

足球是一项具有深远影响和巨大经济价值的运动，它迅速地建立起一个完整的足球市场系统。在当前的背景下，足球彩票、赛事的转播权等都为足球运动的举办方带来了巨大的利润。在丰厚的收入的支撑下，足球运动又能够得到进一步发展。

足球是一项综合性很强的产业，它通过与其他产业的融合，带动了足球用品、足球纪念品以及其他与足球有关行业的发展。同时，足球也创造了众多的就业岗位，对人民生活水平的提高起到了积极的作用。

全球拥有巨大的球迷群体，所以，赛事举办的时候，往往会吸引很多球迷去进行观看，这显然会带动当地经济的发展。厂家和商家都会积极地开发球迷市场，这样就可以获得更大的经济效益。对于商家来说，他们为满足球迷需要而研发出了很多商品，这样既可以活跃市场，也能够进一步推动足球运动的深入发展。

（三）文化功能

足球是一种独特的文化形态，其也展示出了深厚的情感文化。对球迷来说，看一场精彩的足球赛既是一种艺术上的享受，又能提升他们的审美趣味，给他们带来极强的愉悦感。

在现代足球发展的推动下，其竞技性的特点已经越来越明显，与此同时，其观赏性也得到进一步提高。无论是亲自参加，还是到现场去观看比赛，都能让人得到放松。

从某种意义上来说，足球文化的影响力要大于竞技足球。从文化的视角来看，足球是一项关系到一个国家形象的大事。如果国家足球队能够在重大赛事上取得好的名次，显然可以振奋国民的精神。

从根源上来讲，英式足球显然是英国文化的一种产物，它的产生与发展往往与战争联系在一起，也是因为战争的推动，将它推广到了全世界。

从整体的角度出发进行分析，可以看出欧洲的足球运动强调战术与整体，同时还蕴含着纪律与理性的内涵，显然是一种注重战术与整体的运动。南美的足球风格往往展示出了较强的自由性，能给人带来更多的美感。在足球运动中，我们可以感受到国家和人民的传统文化。从这一点可以看出，足球风格的产生受到当地文化的影响。

在当前的背景下，足球已经成为我们生活中不可或缺的一部分。踢足球能丰富人的感情，观看足球能让人获得心灵上的愉悦，讨论足球能让人的思想变得更加开放。从这一点上来看，足球在各方面都能丰富人们的业余文化活动。

（四）教育功能

足球是一项很好的教育活动，很显然，它带有自己鲜明的特点。在足球场上，所有的选手都可以尽情地展现自己的力量，把体育运动所具有的独特美感传达给观众。在足球运动中，运动员们用他们坚韧不拔的精神，激起了人们心中的信念，具有很强的感染力。

足球是一项竞争激烈的项目，它不仅会影响运动员的身体和心理健康，还会对其身体和心理的发展产生一定的影响。

足球运动还是一种教育手段，同样也是通过比赛来实现的。足球比赛可以向观众展现出足球文化的魅力，从而让足球文化得到传播，以此来吸引更多的足球爱好者。[1]

第二节　高校足球技术与战术教学

一、高校足球技术教学

（一）高校足球技术教学的特点

1. 针对性

针对性是指在足球教学训练中应根据不同的情况而采用不同的训练方法和手段。对于"一刀切"式的教学方式肯定不可能收到良好的效果。对于高校足球教学来说，其针对性主要有以下内容。

---

[1] 王居海. 现代足球运动价值分析与科学发展研究［M］. 北京：中国商业出版社，2018：10-14.

(1) 针对位置区别的不同训练

足球运动场上的 11 个人各司其职,各有各的要求和责任。不同的位置有不同的技术特点和要求,如后卫队员需要较强的预判高空球和冷静抢断的能力,而前锋则需要有较强的、果断冷静的射门得分能力等。所以,在教学训练中应适当针对球员场上的不同位置选择不同的训练内容,在全面发展的基础上,形成位置技术特长。

(2) 针对战术打法的不同训练

足球的战术有很多,使用不一样的战术的话,技术上的要求也是不一样的。比如,如果一个球队比较擅长打长传冲吊战术的话,就需要具有非常强的抢断能力、较为准确的长距离传球能力以及在冲锋线位置的球员具有快速奔跑中接球、控制球和射门的能力等;如果一个球队比较擅长短距离传球,那么,就需要球员具有较强的控制球的能力,还要以此为基础,在整体上实现传球和控制球的能力。故而,在开展教学训练的时候,我们一定要对自己球队的战术特点有所了解和分析,并在此基础上加强相关技术的练习。

(3) 针对对手情况的不同训练

在一个训练群体中,运动员的训练水平不尽相同。如果按照统一的训练标准,势必会造成"吃不饱"或"吃不了"的现象。在进行教学训练的时候,教师要了解每个学生的情况,针对性地开展教学,因材施教,这样的话,可以把学生之间的差距缩小,从而让每个学生更好地成长起来。

2. 重复性

所谓的重复性指的是,在足球运动技术的相关教学的练习中,一定要反复进行磨炼,从一开始学习,到掌握一定的知识和技术,然后熟练地掌握各种足球运动技术,进而对相关的技术进行巩固和提升,最终促使技术实现自动化。重复性的内容主要有以下几方面。

(1) 训练内容的重复

在进行足球运动训练的时候,我们一定要根据自身的需要,针对某一项内容进行反复练习,这样才能更好地促进这一技术的提高,一直到熟练地运用这一技术为止。然而,如果只是针对某一项内容进行长时间的训练的话,就会使运动员产生厌烦的情绪,导致训练的疲劳和懈怠,最终也不利于训练的继续开展。故而,在训练的时候,可以保持训练的内容不变,但是,针对这一内容的训练方法和手段要发生多样的变化。如在脚对空中来球触球感觉的练习中,单一进行停空中来球未免有些枯燥和无趣,在进行一段时间这样的练习后,可以改变为用"网式足球"的方法进行这项技术的练习,这样的改变增加了练习的趣味性,能够更好地调动球员练习的兴趣。

（2）训练次数的重复

在开展教学训练的时候，一定要确保练习的次数足够多，促使学生经过反复的练习而改正自己的错误，找到正确的动作，然后对正确的动作进行固化定型。次数上的重复涵盖得比较广泛，既可以是在某一个训练阶段的时候某一项技术的练习的次数，也可以是在某一个练习中，某一个技术动作的反复的次数，还可以是某一个技术动作的某一个环节的反复的次数等。

3. 系统性

所谓的系统性指的是，在教学训练的时候，对足球这一运动的规律和运动员自身的成长的特征进行了解和分析，从而有计划地开展全面性和系统性的训练等。

（1）划分阶段

把训练由一个整体细分为许多个阶段，并针对每一个阶段重点攻克其中的难点，这是体现系统性原则的显著特点。这一过程可以被划分为三个时期——培养期、成长期和成熟期。当然，培养期还可以进行进一步的划分——启蒙阶段、训练阶段。不论是哪一个时期，也不论是哪一个阶段，都有着自身的任务，但是，各个时期和各个阶段的训练之间有着紧密的联系，可以说是承接上一时期，引出下一时期。

（2）强化规划

足球运动员从开始培养到最终成才，以 6~8 岁开始训练为准，一般需要 15 年左右的时间，少量的天才球员有可能为 10 年时间。因为时间的跨度比较大，我们一定要制订一定的计划，设定相应的目标，根据一定的模式来开展教学，促使运动员按照已经定好的目标成长起来。

二、高校足球战术教学

（一）足球战术的发展趋势

足球运动不断发展，仅仅依靠技术和体力就能取得胜利的现象已经消失。培养全攻全守全面化的运动员，已经成为新的发展趋势。然而，还是有这样的情况存在，那就是每个人所在的位置不一样，其职责也就不一样，分工也就不一样，故而，运动员需要具有全面的能力，不论其被安排在哪一个位置上，都有能力做好这个位置上的人该做的事情。

足球战术不断发展，其发展有着自身的方向：第一，在不同的环境下，场上的运动员可以采用不一样的战术，并且对相应的战术非常熟悉。第二，运动员可以自信地开展进攻，还可以灵活地使用各种各样的战术。第三，运动员要熟悉掌握各种各样的进攻阵型，这些阵型具有很强的吸引力等。第四，在运动场上，足球对速度的要求非常高，故而，我们一定要随时随地掌控好速度。第五，通常来说，我们要把个人的表现、突然的加速和对手没有防备的情况结合起来，熟练地使用各种战术。只有把整体性的打法和个人优秀表现有效结合起来，才能真正实现战术性策略。第六，在比赛中，球队中的每个人都要严格遵守战术性的纪律，促使团队中的每个人都能有效合作和团结，这样才能更好地推动球队取得成功。

（二）高校足球运动战术的教学方法

战术意味着决策，它是一个心理或思考过程。如果涉及决策问题，那么这样的思考过程是就战术考虑的。通常，战术和技术会重叠，产生灰色地带。在后期的技术发展阶段中，力量是教练最希望球员获得的。守门员有力量才能足够快、足够远地进行鱼跃救球；后卫有力量才能进行长传解围，成功将球越过对手。在训练初期，力量和速度不是重点，直到球员能够在可接受的水平上完成动作后才渐渐引入。球员要完成任务，必须学习和掌握基础动作，通常这些动作在没有时间、空间和对手的情况下进行演示和学习。球员的发展需要教练付出耐心。球员需要时间和训练才能掌握和巩固某项技术、技巧。有些教练认为说明和示范对于球员正确完成某项技巧已经足够，但是真实情况往往相反。球员在场上灵活运用技巧前，通常需要花费大量的时间和精力进行自主练习。球员完成某技巧时一定要做出决策。这些决策就是技术的战术要素。如果缺少必要的技术要素，那么再好的战术也会失败。

1. 阵型运用

常用的比赛阵型包括"四四二"阵型、"五三二"阵型、"三五二"阵型、"四三三"阵型、"四五一"阵型。

（1）不要脱离实际

如果某一个阵型和实际差别太远的话，我们是不用采用这样的阵型的。我们所选择的阵型一定要和自己的队伍的实际情况相符合，而不是一味地追求新颖和模仿别人。最好的阵型都有以下这几个特点：可以积极借鉴别的队伍的长处，还能有效规避自己队伍的不足之处，把长处发挥出来的同时，还能遮挡住自己的缺点，更好地促进自己队伍的发展和进步，最终促使队伍取得成功。

（2）随机应变

运动员要把自身的应对突发情况的能力发挥出来，还要具备较强的创造力。每一名运动员都要既能做到进攻，又能做到防守。只要队伍中的运动员是优秀的，并且对于自己在队伍中的角色和承担的责任都可以接受的话，那么，不论是什么样的阵型，都是比较容易取得成功的。故而，虽然说阵型把团队战术的基本的框架定下来了，并且把战术开始的基点确定好了，但是，这都不是最主要的。单个人的现在的发展状况和未来的发展是在足球场上取得成功的最为重要的因素。

（3）保持完整的队形

在进攻和防守的时候，不论队伍中的人员是怎样变换位置的，每个位置是不能重叠的，也不能缺人。队形只是一开始的时候的一个形式。当比赛开始以后，队形就会一直在变化。在实际进行比赛的时候，假如运动员遵守进攻和防守的战术的话，当整体上跑动的时候，不论是哪个阵型，都是差不多的。

（4）合理组合队员

教练对每个队员都是非常熟悉和了解的，每个队员有什么样的优点，有什么弱势，都在教练的掌握之中。教练应该根据不同队员的特点，巧妙地将他们组合在一起。尽量使每个队员都能够充分发挥出自己的优势，然后在互相配合中弥补自己的劣势。所以，教练员要知人善任，使全队融为一体，充分发挥集体的力量。

2. 战术运用

（1）保护战术

所谓的保护战术，实际上指的就是在局部的范围内进行防守的战术。所谓的保护指的是，当自己队伍中的伙伴和对手进行对抗的时候，自己要选择一个合适的位置来保护这个小伙伴，以防对手进攻伙伴。防守的位置既不能太远，也不能太近，和进攻的人员保持在一步或者两步的距离，只有在这个距离范围内，才能更好地看到球。假如进攻的人员想要转身的话，那么，运动员就可以快速地跑到前边去抢夺对方的球。假如可以迫使进攻的人员转身的动作被阻止，让对手后退或者向左右躲闪，那么，运动员也就算是拖延了对手的进攻，为自己的队友提供了改变战术的时间。假如防守的人的手里并没有球的话，运动员就需要对自己的位置进行调整，这个时候自己已经不是防守人员了，不需要履行防守人员的相关职责了。在这样的情况下，一开始采用的位置要让运动员尽快地冲到传球的人的旁边，假如把球直接传给这个球员的话，一定要促使在这个位置上的队友可以抢球和拦截球。假如球将要传给自己需要防守的人员，当球还在飞的时候，我们就需要快速跑到这个球员的旁边，在球快要到达的时候再实施抢球。

(2) 运球突破战术

①运球突破的要求

第一,运球突破战术也属于个人进攻战术。运球突破技术随着防守技术、战术的提高,运用难度也随之增大,假如防守的人员过来抢球的话,其就会把位置让给前方的人来开拓更为广阔的空间,或者是让自己可以有时间带球突破防守的人员,从而创造出更多的机会进攻。当带着球的队员突破了防守人员的防守以后,就可以用最快的速度向球门跑去。有一点是需要注意的,那就是,尽量不要两次都突破同一个防守人员,不然,很容易失利。

第二,要掌握恰当的运球突破时机。在自己还没有把带的球转向球门的方向的时候,运动员就要和对自己进行防守的人员脱离开。运动员可以使用一些身体上的假动作或者突然地改变球的方向和速度等,创造出一定的时间和空间,然后把球转向球门的方向。

②运球突破的注意事项

一个足球运动员在长达 90 分钟的比赛中拥有球的时间很少,大部分的时间运动员都是在无球的状态下比赛的。故而,在没有球的情况下,自己的行为和动作一定要具有高效性,并且要有着重要的意义。球队当中,运动员都不喜欢那些旁观者的角色,也就是当有球的时候非常拼命地表现,没有球的时候就只是站着看别人踢球的人。不论在什么时候,运动员在没有球的情况下来回跑动和移动,对于整个队伍来说,也是成功的关键因素。运动员一定要不停走动,这样的话,当球传来的时候可以尽快地接住,也可以帮助队友更好地传球或者射门等。[1]

(二) 高校足球技术教学的原则

在长时间的足球教学和足球训练实践过程中,人们总结出了足球技术教学训练的原则。足球技术教学训练的原则把足球运动的客观性的规律当作根据,从而对足球教学工作进行规范和指导。足球技术教学训练原则主要有以下几点。

1. 全面性原则

所谓的全面性原则指的是,在开展足球技术教学的时候,我们要把技术、战术、身体素质、心理、智力等有机地融合在一起,有效地开展综合性的训练。

(1) 技术与身体素质同步训练

在进行比赛的时候,发挥技术和身体素质之间有着非常紧密的关系,故

---

[1] 蔡春娣. 高校足球运动教学与系统训练研究 [M]. 北京:北京工业大学出版社,2019:125-129.

而，技术性的训练一定要和运动员的持续性的工作能力进行有效结合。我们一定要对技术性练习的次数、时间、距离等进行合理的安排，当然，练习的强度和密度也要安排好，快速地完成一些技术性的动作，在提高技术的同时，也要增强自身的身体素质。

（2）技术与技术组合训练

实际上，一场足球比赛就是对各种技术进行综合性的运用，比如，当把球停下以后需要带球跑、转变方向和越过阻拦的人，越过阻拦的人以后需要短距离传球、射门等等。故而，在开展教学训练的时候，我们不能只是对单一的技术进行训练，还需要根据比赛的实际情况，综合性地使用各种各样的技术动作来练习，从而在比赛中更顺畅地使用各种技术动作。

（3）在良好意识支配下运用技术

当意识出现在技术之前时，技术才有蓬勃的生命力和实战价值。比如一名球员将球传出，这样一个技术动作的把握，即使传得再到位也只能说明其对传球技术已经掌握了，但是，要把这个球传到哪里、在什么时候传球、传球采用什么样的方式等，这些都需要具有较好的意识的支配。在技术的教学训练中，我们所设计的练习方法要和比赛中经常出现的情况以及相关练习的要求相符合，既要对学生的意识进行培养，又要促进学生运用技术能力的提高。

2. 实战性原则

所谓的实战性原则指的是，教学训练一定要和足球比赛的客观性规律相符合，还要以比赛的实际情况为根据。这一原则是为足球运动技术教学最终目的而设定的。

（1）在接近比赛环境下练习

训练和比赛是不一样的，不能代替彼此。一般来说，训练的结果都可以在比赛中有所体现。然而，如果训练想要取得一定的成果的话，就要尽量在和比赛情况比较接近的情况下来进行技术性的练习。比如，在一对一的对抗中、在不把球停下来而是直接射门的技术性练习中，都要在和比赛比较接近的情况下开展练习，从而在真正面对比赛的时候，较好地发挥自身的状态。除了这些以外，如果在比较接近比赛的情况下进行练习，可以促使运动员产生一定的压力，进而有效地完成技术。

（2）在接近比赛的对抗性下练习

由于对抗是足球比赛的核心，故而，假如技术训练没有一定的对抗性的话，也就没有进行技术训练的必要了。当运动员已经掌握了一定的技术的时候，我们就需要促进运动员的对抗性的增加。在进行技术训练的时候，假如没有防守人员的话，我们可以让运动员进行影子练习。

（3）正确处理熟练与简练的关系

我们要尽可能熟练地掌握技术，但是，在对技术进行有效运用的时候，一定要尽量简单点。熟练是基础，简练是方向。如接传球后的过人动作，起初这是两个分开的单独技术，但是在针对性地进行技术组合训练并且熟练掌握之后，在真正进行足球运动的时候，不能先接球然后再过人，而是要把接球和过人连起来，也就是我们经常看到的让人非常喜欢的停下球过人的洒脱动作。再比如，接到球以后进行传球和射门的动作，当练习熟练以后，就可以不用先把球停下来了，而是可以直接把球传出去或者直接射门。[①]

第三节　高校足球运动身心素质训练

一、高校足球运动身体素质训练

（一）高校足球运动力量素质训练

肌肉力量素质指的是，当运动的时候，运动员的神经肌肉系统可以对阻力进行一定的消除的能力。当运动的时候，肌肉会产生收缩的效能，从而消除阻力，这是一种张力。对于足球运动员而言，球的阻力、对手施加的阻力、空气的阻力、肌肉的黏性以及肌肉之间的阻力都属于克服阻力。

力量素质有很多种分类方法，按照肌肉是否收缩，可以将其分为两类——静力性力量、动力性力量。对动力性力量进行细分，又可以分为两类——重力性力量、速度性力量，后者对于足球球员而言十分关键。

1. 力量素质的训练原则

（1）速度性力量的训练原则

①运动强度：位于 75%~90% 范围内。

②练习时间：持续 5~10 秒。

③间歇时间：最好是完全恢复。

④练习次数：以 4~6 次最佳。

⑤练习组数：以 3~4 组最佳。

---

① 张义飞，王宏伟，仝仕胜. 高校足球学练设计理论与实践教程［M］. 北京：中国原子能出版社，2018：149-151.

（2）力量耐力的训练原则
①运动强度：位于 60%~70% 范围内。
②练习时间：持续 15~45 秒。
③间歇时间：通常心率恢复到大约 120 次/分。
④练习次数：以 20~30 次最佳。
⑤练习组数：以 3~5 组最佳。

2. 力量素质的训练手段

目前，足球运动员的力量训练手段有以下几种：

（1）对抗运动：使用拉扯、冲撞的方式，在对抗训练中能够使力量和素质有所提高，这对足球运动员极其有用。

（2）克服外界阻力的训练：借助外界环境，使力量训练有所增加，运动量有所增大。

（3）克服自身重量的运动：借助于双手、双脚的远端支撑，局部负重和锻炼身体力量来完成的。

（4）克服弹性物体的运动：借助于弹性物体（如橡皮筋等）使其变形从而产生阻力，以达到训练力量的目的。

（5）负重阻力训练：往往借助于训练器械（如哑铃等）进行机体肌肉力量的训练。

（6）力量训练器材：使用力量训练器材进行力量训练，以减轻生理负荷，避免受伤。

3. 力量素质的训练方法

（1）一般力量素质的训练方法

①仰卧起坐

具体操作：身体处于水平状态，在地板上或体操垫上仰卧着，双手放在后脑勺，伸直腿，将身体抬高到竖直位置，然后慢慢落回原来的位置。

②引体向上

具体操作：两只手之间的距离与肩膀的宽度相同。双手向前或向后握住单杠，双脚离开地面，手臂伸直，身体垂下。引体向上发挥力量，将身体向上拉到头部完全超过杆，然后将身体垂下至原始姿势，注意速度缓慢。

③俯卧撑

具体操作：向前倾斜，手掌撑在地上，手臂伸直，手指向前，双手保持与肩同宽，双腿向后伸，脚尖着地。向下弯曲肘部，直到背部位于肘关节下方，然后抬起手臂并伸直至原始位置。

④双臂拉伸

具体操作：橡皮筋固定在肋骨的上端，学生背对着站立，上身向前倾斜，两只脚一前一后自然而然地打开着。两只手紧紧抓住橡皮筋的另一端，在头部后上方放着，将肘部举起，并与手臂呈 90°，随后吸气，前臂和肱三头肌牢牢握住拉伸橡皮筋，直到手臂处于伸直状态，然后返回到原始位置。

⑤双杠臂屈伸

具体操作：手臂放置在双杠上，做弯曲、伸展动作，身体与杠垂直，手臂完全弯曲，然后大力支撑以将手臂伸直到原始位置。应当注意的是，在训练过程中，身体应笔直，下肢自然下垂，腿部不应屈伸。

⑥体后屈伸

具体操作：身体在垫子或凳子上俯卧，用臀部支撑，脚固定，手臂向前抬起，并且身体连续屈伸。做体后屈伸时，尽可能地使上半身抬高。

⑦展腹跳

具体操作：爆发式地跳起来并尽可能展腹，向后弯曲膝盖以及尽可能用双手触摸脚跟。

⑧收腹举腿

具体操作：在体操垫或地板上仰卧着，身体处于伸直、水平的状态，双臂伸直自然地放在两侧，然后将双腿抬起至垂直位置，然后慢慢降低至原始位置。

需要注意：练习时，以很快的速度将腹部和腿部抬高，而以很慢的速度放低腿部。

⑨仰卧推举

具体操作：在推架上仰卧着，调整呼吸（用力时要先吸气），杠铃用两只手紧紧握住，双手之间的距离比肩膀稍宽，然后将杠铃慢慢举起，再以正确的方法和适当的速度慢慢降落至胸部，并在即将落到胸部位置时即刻将其向上举，直到手臂处于伸直状态。

⑩仰卧过顶举

具体操作：在板凳上仰卧着，用手抓住哑铃手柄的一端，以便降低另一端。刚开始时，举起哑铃，伸直双臂，用胸部上端的力量将重物举起，然后从头顶慢慢地上下举起哑铃，直到手臂可以舒适地伸展到后半部为止，然后开始返回到原始位置。

⑪推小车

具体操作：A 处于俯卧状态，并且两只手臂要处于伸直状态。B 用两只手将 A 的两脚抬起来，A 用两手代替两脚"行走"。①

（2）专项力量素质的训练方法

①发展颈部、上肢以及肩背力量的训练方法

a. 要求学生两手扶头，在颈部转动时给予抵抗力。

b. 俯卧撑。单杠引体向上，双杠双臂屈伸，俯卧撑向侧、前跳移。

c. 要求学生在垫上做颈桥并推举哑铃、壶铃或轻杠铃。

d. 两人面对坐地，两腿分开，做抛、传实心球或足球的练习。

e. 重叠俯卧撑。学生甲保持俯卧姿势，学生乙在甲的背上做俯卧撑，或者甲、乙两人同时做俯卧撑。

f. 推小车。甲俯卧，两臂伸直。乙两手拾起甲的两脚，甲用两手向前"行走"。

g. 哑铃和杠铃练习。

h. 斜立哑铃双臂屈肘。双手掌心相对，双臂伸直下垂，持哑铃站立，斜靠在斜板上。双臂屈肘，手到达大腿上部时由掌心向内转为掌心向上，直至达到肩部。然后下降哑铃，双手经过大腿后再由掌心向上转为掌心向内，保持上臂贴近体侧。重复练习，哑铃向上运动时吸气，向下运动时呼气。斜立哑铃双臂屈肘的训练主要是发展学生的肱二头肌和臂部肌群的力量。

②发展腰腹力量的训练方法

a. 仰卧起坐、举腿、快速屈体。

b. 侧卧做体侧屈，俯卧做体后屈。

c. 仰卧，两脚夹球离地 15～20 厘米，以腰为圆心画圆。

d. 展腹跳。爆发起跳并充分展腹，向后屈膝，两手尽可能触脚跟。

e. 跳起空中转体或收腹用力顶球。

f. 肩负杠铃做体前屈或转体，抓举杠铃。

③发展全身力量的训练方法

a. 二人抢夺球练习。

b. 四节挺举。要求完成每一环节时都必须采取爆发性动作。

c. 蹲跳顶球。连续蹲跳中顶球，要求取半蹲姿势，可负重。

d. 合理冲撞练习。两人面向或侧向做跳起冲撞练习。或甲运球，乙贴身跟随并冲撞甲，甲要稳住重心。或两人同时争顶并在其间运用合理冲撞。

e. 倒地起身。甲运球，乙从侧面铲球，乙在铲球倒地后尽可能快地起身

---

① 余富荣，吴翠芬. 高校足球技战术教学与训练理念分析［M］. 长春：吉林大学出版社，2020：105-108.

去追球。

（二）高校足球运动平衡素质训练

平衡素质是指一种稳定姿势的能力。在足球比赛中，激烈的对决需要一定的平衡才能完成动作，这对于诸如足球这样的高速运动而言是非常重要的能力。

平衡素质有静态平衡和动态平衡之分。前者是指在相对静态下保持稳定姿势的能力。后者是指在运动过程中保持平衡的能力。

影响平衡能力的因素有很多，如遗传、年龄、视觉、性别、前庭器官等，它们在足球中共同决定运动员的平衡能力。

因此，训练过程中通过进行各种练习，如单足站立徒手练习、双人徒手练习、单足站立有球练习、双人有球练习等，从而使球员的平衡能力得到进一步提高。[①]

二、高校足球运动心理素质训练

（一）自信心、意志力和注意力的培养和训练

一系列的实践都表明，足球运动员要想变得优秀，一定要具备的一项素质就是良好的心理素质。运动员的运动能力、智力、个性化的特点、训练等都与其进行比赛时候的心理状态、对心理的调节和控制能力、社会化的心理特点等有着非常紧密的关系。

1. 自信心

只要是优秀的运动员，一定都具备这样的特质，那就是非常自信。故而，高等院校的足球运动训练中都有一个非常重要的方面，那就是对运动员的自信心进行有效的培养。

现代化的足球运动处在不断变化和发展之中，这也就使得高等院校的足球运动也得到了进一步的发展。因为足球运动具有复杂性、多样性等特点，故而，在进行比赛的时候，足球运动员一定要具有较好的生理和心理素养，可以承受一定的压力，还能承受胜利和失败以及环境等各种因素的影响。

2. 意志力

从本质意义上来说，意志力就是一种针对意识进行调节的活动，主要的表现就是人可以对自己的行为进行一定控制的能力。意志力有很多特点——目的

---

① 余富荣，吴翠芬. 高校足球技战术教学与训练理念分析［M］. 长春：吉林大学出版社，2020：113.

性、果断性、顽强性等。

所谓的意志力的目的性指的是，在每一次的足球训练课和比赛中，都会有一个和长期的目标相联系的短期的目标，足球运动员要把自身的最大潜力充分地发挥出来，努力解决自己遇到的各种各样的问题，最终促进训练目标和比赛目标的实现。

足球运动员意志力具有果断性，这一特点对于足球训练和比赛也有着非常重要的作用。在足球比赛中，什么情况都有可能出现，成败也就是在一瞬间决定的事情，这会对运动员的心理产生一定的干扰作用，进而对其行为的选择产生影响。

意志力具有顽强性，故而，足球运动员一定要具备较为顽强的意志品质，还要具有挑战精神，只有这样，才能真正登上足球比赛的最高峰，俯瞰一切。

意志力具有自制性，这也是足球运动员需要具有的意志品质。在足球比赛中，运动员需要具备一定的自制性，只有这样，才能对自己的行为进行约束，从而尽可能地把各种因素对自己的影响控制在可控的范围之内。

3. 注意力

在一场足球比赛中，对于足球运动员来说，注意力是非常重要的。注意力有着自身的特点，主要包括：注意力的范围、注意力的稳定性、注意力的转移、注意力的分配等。

当足球运动员在完成了技术性的动作、把进攻和防守结合起来的时候，需要对整个比赛现场的局势和变化有所掌控，还要对自己的伙伴的行为和想法、对手的行动和想法进行观察和分析。这些都和足球运动员的注意力有着非常紧密的关系。

我们要怎样才能促进足球运动员的注意力的提高呢？首先，运动员一定要学会观察，注意力不应该放在球上，而是要观察整个比赛现场，也就是扩大观察面，不再局限于狭窄的观察面。其次，假如比赛现场的形势较为复杂的话，我们一定要学会带有一定的目的性地去引导足球运动员的注意力的分配等。再次，在比赛之前，因为内心非常复杂，我们要让运动员采用正确的方法自身的注意力进行有效的转移，从而对比赛之前的过于兴奋和紧张的情绪进行调节。

（二）足球比赛的心理状态调控

1. 赛前的心理准备

在比赛之前，运动员的心理状态既有好的，也有坏的，不论是好的心理状态，还是坏的心理状态，都会对运动员的技术水平和战术水平的发挥产生直接性的影响。

在比赛之前，运动员的心理状态通常可以划分为这样几种——过分激动的状态、平淡和冷漠状态、没有自信心的状态、做好最充分的准备的状态等。在以上所说的这几种状态中，前三种状态都是需要调节的。在比赛之前，我们对心理状态进行调节需要讲求一定的方法，而不是随意的、盲目的。调节比赛前的心理状态的方法主要包括：

(1) 明确比赛的任务与目标

只有把比赛的任务和目标确定下来，才能挖掘足球运动员的潜在力量，还要注意目标的制定要在其可以接受的范围之内。

(2) 增强运动员取胜的信心

在足球运动中，运动员要有充足的自信心，这是其取得成功的最为重要的前提。在足球比赛中，运动员可能会遇到各种不好的因素，对此，一定要做好充足的思想上的准备工作。我们要对运动员进行认知训练，以此来帮助运动员对敌我双方的力量做出正确的评估，让运动员敢于参与竞争和拼搏，从而在良好的心理状态下投入足球比赛中。

(3) 激发运动员良好的比赛动机

运动员都希望可以参加比赛，我们要学会对运动员的这种积极性进行充分调动。需要注意的一点是，假如运动员有太强的动机或者注意力太过于集中的话，就会出现精神紧张的情况，最终对运动员的技术水平的发挥产生不利的影响。

(4) 分析状况

演示性地表现足球比赛中的行为和思维程序，了解和掌握各种战术实施的要求，还要对可能遇到的问题进行分析。

2. 赛中的心理控制

在比赛的时候，不论是主观性的因素，还是外部的客观性的环境因素，都会影响到足球运动员的心理状态的稳定性。足球运动员只有具备良好的心理稳定性，才能更好地取得成功。影响足球运动员的情绪和情感的因素有很多，比如，生理性的因素、认知性的因素、刺激性的因素等。在这些影响因素中，认知因素的影响是最为重要的。

(1) 生理因素的影响与调控

一般来说，情绪受到很多因素的影响，比如植物性神经系统的机能水平、骨骼肌肉的紧张程度、内部环境的平衡性等。我们要想对生理内部的各种刺激和压力进行一定的控制就需要采用心理调节的手段。

(2) 刺激因素的影响与调控

不论是现场的观众的反应，还是比赛时候的环境、气候性的条件等，都会在不同程度上对运动员的感官造成一定的刺激，进而对其情绪产生影响。我们要促使运动员把自己更多的关注力放在应用技术和战术上，只有这样，才能更好地促进运动员比赛中的心理稳定性的提高。

3. 赛后的心理调整

针对比赛的结果，运动员通常都会出现两种情绪化反应，一种是积极的心理活动，一种是消极的心理活动。故而，当比赛完以后，教练员需要帮助运动员对其自身的心理状态进行有效的分析，还要采取相关的措施调整心理状态，把消极的因素转变成积极的因素。在比赛结束以后，不论比赛结果如何，都要首先安排运动员进行良好的休息，然后咨询不一样的状态下的心理状况，把态度摆正了，从而分析和总结取得成功或者失败的原因。

（三）训练心理素质的方法

1. 集中注意力训练

足球运动员强制自己专注于某一个非常明确的目标，不能因为私心杂念而把注意力分散开来，这也是开展注意力训练的最重要的目的。注意力集中的能力有很多，比如，意愿的强度、意愿的延续性、注意力的集中强度、注意力集中的延续等。我们可以通过以下这些方法来对运动员的注意力能力进行培养：

第一，我们要想对集中注意力的能力进行锻炼，就需要用意念对某一个点进行练习，或者采用视觉和听觉守点的练习方式。

第二，在足球运动的过程中，把自己的感觉集中在某一个点上，甚至达到了忘我的地步，这样可以对运动员日常的练习和比赛时候的专注力进行培养。

第三，教练员可以使用提示性的语言、警示性的语言来对运动员的专注力进行培养，从而促使这一训练转变成运动员的习惯等。

第四，在开展日常训练的时候，运动员要把各种对心理产生干扰的因素排除掉，尽量在练习的时候不要产生波动性的情绪等。

2. 自我暗示训练

自我暗示训练主要是借助于一些比较有效的自我暗示、自我诱导、自我放松等来进行心理性的训练。自我暗示借助于语言和意念等来控制和约束自己的行为和动作，对情绪进行调节，把那些不好的心理影响排除掉，让自己的信念更加坚定，促使自身的意志力不断增强。

3. 放松练习

所谓的放松练习指的是，借助于呼吸和意念等，促使整个身体的肌肉都得到放松。放松练习可以促使运动员的肌肉得到较为充分的放松，内心保持平静的状态，促使大脑不再那么紧张和兴奋，整个人也就不再那么烦躁了。

4. 心理反馈训练

所谓的心理反馈训练指的是，借助于一些专业化的仪器，通过光感和声音来对自己的生理功能的变化进行区分，还要把这种状态和自身的感觉、知觉等有效联系起来，并且借助于训练来调节自身的生理能力，把自身的机能充分地发挥出来。特别是要对植物性神经系统的功能、心率等进行调节，以此来促进情绪状态的改善等。

5. 模拟训练

所谓的模拟训练实际上是一种实战性的心理训练方法，其安排的训练要和将要比赛的条件相类似。我们采用模拟训练的方式，可以有效适应不同的比赛环境，在接近比赛的时候可以更好地发挥自身的运动水平等。[1]

第四节 高校足球人才的培养

一、高校足球人才培养的概念

所谓的人才培养指的是，教师对现实的情况进行了解和分析，从而制定出培养人才的目标，还要具体制定培养人才的计划，采用培养人才的相关措施，最终培养出所需要的人才的这样一种活动。

所谓的高等院校的人才培养指的是，根据开展高等院校的足球活动，制定相对应的目标和教学计划，选用合适的教材，促使学生接受足球培养的一种教学活动。

二、高校足球人才培养的影响因素

有很多因素对高等院校的人才培养产生影响，主要涵盖了三个方面——经济因素、思想观念、社会环境。

（一）经济因素

对高等院校的足球人才培养产生一定影响的经济因素有很多，比如，政府投入其中的金钱、学校用于足球人才培养的专项费用、社会投入足球人才培养

---

[1] 冯涛. 足球教学设计与训练实践研究 [M]. 长春：吉林大学出版社，2018：114-117.

的费用、高等院校的各种足球比赛所需要的经费等。在这些经济因素中，我们单独论述一下社会性的资金投入和高等院校的各种比赛所需要的经费。高等院校的各种足球比赛需要花费不少的金钱，学校在举行班级之间的联赛的时候需要学校批复参与比赛的费用和相关的奖金等，学校和学校之间的比赛需要购买比赛使用的服装、出行的交通费用和吃饭的钱等。社会投入足球人才培养的费用涵盖了企业对学校建设足球场地所花费的金钱，足球场地的建设可以更好地完善学校的外部环境，促进学生学习足球的积极性的提高，保障学生的安全。

（二）社会环境因素

社会环境因素指的是，既包括企业，也包括媒体，还包括社区等的社会层面的各种各样的因素。一般来说，只要我们说到企业，大都想到的是商业性，企业非常重视自身的投入和产出的比例，故而，其对高等院校的足球的态度主要是静待，观看其发展情况。企业拥有的资金非常雄厚，再加上执行部门和体系非常完整，故而，其可以对自己的优点进行充分利用，从而帮助培养高等院校的足球人才，其既可以投入一定的资金，也可以成立一些体育公司，不断促进高等院校的足球的发展和进步。实际上，媒体是一种非常重要的宣传媒介。媒体可以宣传高等院校的足球的发展情况，还可以播放国内外比较有名的足球联赛的相关视频，促使人们对足球的认识加深。媒体可以开展社会性的舆论，不断促进高等院校的足球的发展，让学生更好地了解高等院校的足球的发展，促进自身的心理和生理的全面性发展，促使学生的体质更加健康，学生在这个过程中养成坚持不懈、勇往直前的顽强意志品质。社会组织足球相关的运动，可以让社区的居民的生活更加丰富多彩，让越来越多的人投入足球的学习和运动中，营造出更好的足球运动氛围。社区的居民不只是可以锻炼身体，还可以让心灵得到充实。与此同时，还能让更多的人接触到足球，促进学校的足球运动的发展，最终推动高等院校的足球人才培养的发展。

（三）思想观念因素

思想观念因素主要指的是学校的校长、足球运动的教师、学习足球的学生和学生的家长等的思想观念等。我们需要对思想观念进行正确的引导，只有这样，才能更好地推动高等院校的足球的发展和进步。高等院校的足球人才的培养最为重要的一点就是促进学生各方面的身体素质的全面性提升，培养学生顽强拼搏的精神，促使学生不论遇到什么事情都可以坚持下去。首先要保证学习，在这个基础上，促使学生足球的技术和战术水平不断提高，让其认识到终身体育锻炼的重要性，从而把体育锻炼变成一种生活习惯。实际上，足球运动和学生的文化知识的学习是一种相辅相成的关系。学习文化知识可以促进足球运动的更好学习,足球运动的学习可以为学生文化知识学习提供更强健的体魄,进而可以健康学习知识。思想观念的教育可以让教师、学生、家长等的观念产生一定的变化,进而可以培养足球运动人才。

三、研究高校足球人才培养的意义

(一) 有利于高素质高校足球人才的培养,提高高校足球人才的整体水平

我们对高等院校的足球运动的相关人才培养进行了解和分析,借助于政府部门的管理,可以创造出良好的足球学习和练习的条件。首先要确保学习足球的人的文化知识学习,在这个基础上让学生学习足球运动,从而促使培养出来的足球人才是全面发展的、具有较高素质的人才。

(二) 有利于足球人才培养渠道的建立,扩大高校足球人才的发展空间

中国的高等院校的足球人才培养既希望学生在足球方面有所长,还希望足球的学习并不会对他们的文化知识的学习产生不好的影响,当他们在面对各种竞争的时候可以展现出更多的自身优势,改变以往学习足球的学生的文化知识和整体就业比不上只学习文化知识的学生的情况。我们对培养足球运动的人才进行研究,可以站在学校的视角,积极鼓励学生开展足球运动的学习,如果有的学生在足球运动方面比较突出的话,要给予一定的奖励,还要尽可能地创造更好的环境,促进学生的足球学习和文化知识学习的发展,最终促进其全面发展和进步。

(三) 有利于足球运动的普及,扩大青少年足球人口

世界上足球运动比较发达的国家都认为,要想对足球运动人才进行培养,最为根本的就是在学校的时候就要着手培养足球运动人才。当然,现在的大部分家长也认为,在学校的时候就要着手培养足球人才是非常重要的。现在,中国的孩子中,喜欢踢足球的有很多,但是,踢球归踢球,如果真的让孩子进行足球常规训练的话,很多家长对此并不赞同。为什么出现这样的情况呢?中国针对高等院校的足球运动人才培养的模式和机制并不是很完善,甚至可以说并没有。我们对高等院校的足球人才的培养进行了解和分析,可以推动高等院校的足球运动人才培养机制的建立和完善,还可以和社会发展的需要相契合,促

使更多的人参与到足球运动的学习和训练中。①

四、高校足球人才培养策略

(一) 树立起"终身体育"的教学理念

在现在的体育教学中,"终身体育"涵盖了两个方面的内容。第一,从人刚出生开始,一直到生命的完结,都要学习体育,锻炼身体,促使体育变成自己生活的一部分,而不是为了应付考试或者达到某一功利性的目的。第二,把终身体育当作指导性思想,为了实现体育的系统化和整体化,人们在不同的时期和不同的生活领域要开展体育活动。零散的体育运动并不是我们所倡导的终身体育的理念。我们认为,校园足球实际上是一种教育的方式。校园足球最终的目的就是帮助人们树立"终身体育"的教育理念。因为大学的体育教师的资源是有限的,教学的过程也可以说是非常形式化的,故而,我们需要尽快树立"终身体育"的理念,只有这样,才能在教学实践中,具体分析自身的情况,开展针对性的学习和训练。

(二) 要注重培养学生的自主锻炼意识

体育运动涵盖校园足球,是让学生们学会强身健体的方法,促使学生在日常的生活中就可以锻炼身体,掌握锻炼身体的方法和技巧等。故而,在开展足球教学的时候,即便是教师再怎么对课程进行创新,都要把学生当作教学的主体,教师是教学的引导者和监督者,而不能把自己当作教学的主体,分清主次。教师要积极鼓励学生,把学生自身的创造力充分地发挥出来。当学生在体育活动中取得一定成果的时候,教师要对此多加鼓励。教师要积极鼓励学生自觉地参与到体育教学整个过程中。教师可以多加组织一些学生自行参与的活动,这样的话,在这些活动中,学生可以对自身的自主性意识进行锻炼,即便是老师不在身边的话,也能自觉进行锻炼,养成好的锻炼习惯。这一方式可以促进学生的整体身体素质的提高。如果只是通过体育课来促进学生的身体素质的提高是比较困难的,毕竟上体育课的时间是有限的,更多的还需要在日常生活中培养学生的体育意识,只有这样,才能真正实现体育课程教学的目标。

(三) 提升足球教师的专业素质

高等院校的足球教师在开展体育课程教学的时候,要对学生的创造性思维

---

① 朱可. 校园足球教学训练及人才培养研究 [M]. 长春:吉林人民出版社,2022:140-145.

进行开发,可以给学生安排一些自主开展的活动和比较具有个性化的足球运动项目。比如,现在的"快乐教学"模式和"动作教育"模式就在很多学校中广泛推行,这都是以学生的创造性思维为出发点的,针对学生自身的实际情况,让学生有更多想象和创造的空间。教师还可以学习和借鉴国外的一些比较优秀的教学模式,然后以国内的学生的实际情况为前提,具体问题具体分析,对教学模式进行创新。当体育教师在对足球教学的模式进行创新的时候,一定要随时随地观察学生的心理变化和个人的兴趣爱好,还要注意学生自身的反应,促使体育教学变得越来越受学生的喜爱。比如,在开展体育教学的时候,尽量增加教师和学生的互动交流,促使教师和学生之间的沟通更加频繁,教师和学生之间可以做一些小游戏,这样可以让教师和学生之间的关系更加亲近。[①]

[①] 秦会兵. 论校园足球视阈下高校足球人才的培养策略 [J]. 体育世界(学术版),2019(7).

第四章　高校排球教学理论与训练实践研究

在世界范围内，排球运动都很受欢迎。排球运动具有非常丰富的文化内涵，并且运动价值也非常高。很多人都喜欢排球运动，并且主动参与其中。我们需要对排球运动的基本理论知识进行认识，在这个基础上，才能更好地了解排球运动的文化内涵，慢慢喜欢上排球运动，进而更加积极主动地投入排球运动中。

第一节　排球运动概述

一、排球运动的起源与发展

（一）排球运动的起源

1895 年，排球运动出现，那个时候，威廉·摩根最先发现了排球这一运动项目。在一开始的时候，排球运动只能算是一个小的娱乐性游戏，在比赛的时候，只要两个队伍的人数是相同的就可以。到了 1896 年的时候，美国出现了针对排球的相关比赛，并且对比赛的规则做出了一系列的规定。

当出现了排球运动以后，后来再加上教会势力的不断扩充、美国的军事力量的扩展，排球运动在世界范围内传播开来。

（二）排球运动的发展

在世界范围内，排球运动的发展经过了百余年的时间，对此，我们可以把其发展划分为三个阶段——从娱乐性排球转变成竞技性的排球运动的阶段、竞技性排球非常快速地发展的阶段、竞技性排球向多元化发展并且娱乐性的排球运动再次兴起来的阶段。

1. 从娱乐排球向竞技排球过渡

排球运动最开始的时候就是一种供老年人锻炼身体的娱乐性的小游戏。那个时候的排球是不讲究什么技术和战术的，队员所要做的就是用手把球击到网的另一边，假如一个人不能把球击过去的话，自己队伍的其他人也要再击球，一直到把球击过去。在玩这个游戏的时候，因为不能一次把球击过去，就需要尽量让对方接球变得困难，可以寻找击球过网的最好的机会和击球对于对方来说产生最大的威胁的伙伴，因此出现了一种新的打法，那就是多次击球，也就是我们所说的集体配合的战术。

在玩排球游戏的时候，如果一方总是击球的话，感觉不是很合理，因此，出现了一项新的规定，那就是每一方击球最多三次就一定要过网。因为出现了这样的规定，以往的简单的排球和击球的动作出现了分化，变成了传球和扣球两个不同的动作。扣球这一动作受到了很多年轻人的喜爱，以往的单纯的娱乐和游戏的排球运动具有了一定的对抗性，到这个时候为止，排球运动的性质也就变了。在球场上，排球运动员的位置进行了一定的分工，这样的话，各个队员才能更好地配合。

在这一个阶段，排球运动的主要特征就是从一种娱乐性的游戏变成一种竞技性的运动，那个时候，在国际上并没有统一化的比赛规则，也没有针对比赛的相关制度规范，甚至也没有统一的比赛组织等。

2. 竞技排球迅速发展

排球的技术和战术的水平不断提高，再加上越来越具有竞争性，世界范围内，很多国家都成立了排球协会。排球协会的成立是基于人们的期望——有一个统一化的排球组织来开展国际性的排球比赛和文化性交流。在1946年，几个国家倡导建立国际性的排球联合会。在1947年的时候，国际性的排球联合会在巴黎成立。当国际性的排球联合会议成立以后，针对排球联合会的宪章也制定出来，还统一了排球比赛的规则。国际性的排球联合会的成立，表明排球运动不再是传统意义上的游戏，而是一种正规的体育竞赛性运动形式。从排球运动刚开始出现，到国际性的排球联合会的成立，可谓是历经大半个世纪。在这大半个世纪的时间里，逐渐出现了排球的相关规则，还有一些最为基本的技术和战术，在国际上，排球运动的交流越来越频繁。

3. 竞技排球的多元化和娱乐排球的再次兴起

（1）竞技排球攻防战术的全方位化

进入20世纪80年代以后，竞技性的排球已经走过了其成长和发育的时期，日渐变得成熟和完善。全攻全守已经不是针对个人的进攻和防守的技术的说法了，而是面向整体进行进攻和防守。我们所说的全攻已经不是传统意义上的进攻了，而是说，进攻是从发球和拦截就开始了。全攻也不再是在排球网前的二维空间里进攻，而是在整个场地的三维空间里发动进攻。不只是在前排的进攻中保持较高和较快的状态，还要把前排的进攻和后排的进攻有效地结合起来，开展全方位的进攻。

所谓的全守指的是，在全方位上进行有效的防守。第一，技术动作要做到全方位。因为运动员的进攻技术水平不断提高，假如只是依靠手臂和手来防守来得非常迅速地扣球，可以说是非常艰难的。第二，现代化的防守的观念发生了一定的变化，也就是说，以前是站在固定的位置，等待着防守，现在是提前做出一定的判断，主动进行防守。针对高位防守来说，运动员的判断能力要非常强，可以对球进行有效的控制，迅速做出有效的反应。除此之外，在进行全方位防守的时候，因为每个对手的进攻特点是不一样的，故而，要随时随地对拦网和防守进行调整，不再局限于原来的防守模式，既要促使防守取得好的效果，还要随时准备反攻的再次防守。

（2）竞技排球的社会化、职业化和商业化

到了20世纪90年代以后，欧洲的几个国家的排球发展起来，促使竞技性排球实现了社会化和职业化。在20世纪80年代的时候，意大利的排球协会实施运动员的职业化发展，还设立了俱乐部的相关制度，这一系列的举措都促使意大利的男排运动飞速发展起来。意大利的各个俱乐部都有一些商业大亨资助，俱乐部的经费非常充足，教练员和运动员也是非常优秀的。在俱乐部中，有很多优秀的明星运动员和教练员，故而，意大利的排球运动发展非常迅速。意大利的男排飞速发展，继而对欧洲的其他国家的排球发展产生了积极的影响，欧洲的其他国家也设立俱乐部，最终促使整个欧洲的排球运动发展起来。

（3）娱乐排球的再次兴起

排球最初也就是一种娱乐性的游戏。慢慢地，排球运动的娱乐性淡化了，逐渐表现出竞技性的特征。现代化的经济不断发展，人们对于物质文化的需求不断增加，很多人选择通过健身消除自身的疲劳。人们希望有这样一种排球运动，所有的人都可以参加，根据自身的需要制定相应的规则，故而，全球范围内的娱乐性的排球出现了。

总的来说，娱乐性的排球运动再次流行起来，这说明，现代排球把竞技性和娱乐性有效地融合在一起，这是一个新的时代。[1]

---

[1] 冯伟. 大学体育选项教程［M］. 苏州：苏州大学出版社，2020：80.

二、排球运动的特点

在排球的场地上,设备都比较简单,比赛的规则也比较容易了解。不只是可以在正规的场地上进行排球比赛和训练,还可以在普通的空地上进行排球活动,运动量调节的范围比较大,针对不同的年龄、不同的性别、不一样的体质和不一样的训练程度的人,都可以开展相对应的排球活动。

（一）技术的全面性

在一支球队中,不论是哪一个运动员,都需要在不同的位置上进行训练和比赛,有的时候可能在前排,可以进行扣球和拦网,有的时候可能在后排,需要进行防守和接应。故而,每个运动员都要较为全面地掌握各种各样的技术,不论在哪个位置上都能做好自己该做的事情。

（二）高度的技巧性

在比赛的时候,排球是不能掉落到地上的,不能拿着球,也不能连续击打排球。击球的时间是非常短暂的,击球的空间可谓是变化多端,因而,我们可以说,排球具有非常高的技巧性。

（三）激烈的对抗性

在进行排球比赛的时候,比赛的两支队伍一方进攻另一方防守始终是不断变化的,两方始终在进行激烈的对抗。在一些比较高级的比赛中,对抗的双方的关注点是球网前的扣球和拦网等动作。在一场比较激烈的比赛中,要想获得一个高的比分,通常可能需要经过好几个回合的对抗。越是比较高的水平的比赛,两支队伍的对抗也就越激烈。

（四）攻防技术的两重性

在排球比赛中,不论是哪一种技术,都有可能让队伍获得比分,也有可能失去比分,在具有决定性意义的比赛中,这样的情况表现得更为明显。不论是哪一种技术,都具有进攻和防守的双重属性。在进行比赛的时候,所有的技术都要具备攻击性,与此同时,还要具有一定的防守性。

（五）严密的集体性

排球运动是集体性的项目比赛,只有在发球的时候是单个人,其他的活动都需要队伍中的各个成员的相互配合。如果队伍中的集体配合不到位的话,即便一个人有着极好的技术,也不能有效地发挥出来,也就不能把战术的作用发挥出来。如果我们说某一个队伍有着较高的水平的话,那么,这个队伍的配合一定非常到位。[①]

三、排球运动的价值

(一)增进健康,强健体魄

如果一个人经常参加排球运动的话,那么,其中枢神经系统和内部的各个器官的状况都会比较好,其各种专项身体素质和运动方面的能力也都会得到提高。总的来说,如果经常参加排球运动的话,人们就会经常处在兴奋和愉快的状态之下,促使身体更加健康,体魄也更加强健。

(二)培养与锻炼良好的心理素质

经常参加排球运动的人往往能够更好地把握自己的情绪,进而对自身的不良心理状态进行有效的调节。比方说,如果连续性地出现了失误,怎样才能让自己尽快冷静下来,而且不能失去信心;如果比分落后于对方队伍的时候,怎样才能保持沉着和冷静,坚持下去,不放弃;在关键性的比赛中,开展进攻的时候不能心慈手软,一定要拥有绝对的自信心等等。

(三)培养勤奋、助人、拼搏的优秀品质

在排球比赛中,如果有球的话,一定不能让球掉到地上,并且击打球的次数必须限定在三次以内就要过网,不然的话,就会被视为违规,参加排球比赛的人一定要随时随地做好充分的准备,当自己的伙伴因为自身的错误性的判断而不能接球或者是其他的原因导致接不到球的时候,可以快速做出弥补性的动作,为下一次的击球创造有利的条件。

(四)培养人的信息意识,提高配合及应变能力

从一定意义上来说,排球运动需要借助于一定的判断才能有效地开展。特别是在现代化的排球比赛中,要想取得胜利,一定要进行准确的判断。运动员要对对方和自己伙伴的动作、声音、局势等进行细致观察,从而对将要发生的

---

① 周建辉,李雪. 运动戒毒常用技术方法[M]. 成都:四川大学出版社,2021:73.

事情做出准确的判断,进而采取相应的策略。排球比赛需要发挥集体的作用,个人的特长的发挥通常都需要依赖于自己伙伴的特长的发挥。故而,在比赛场上,运动员相互之间要配合到位,随时随地观察同伴的想法,只有这样,才能实现默契配合。[1]

第二节 排球教学与训练工作基础知识

一、排球教学

(一)创新高校排球教学模式的主要措施

1. 确定学生的课堂教学主体地位

兴趣是最好的老师,学生有了兴趣的话,就可以更好地开展学习。在高等院校的排球教学过程中,教师要把学生放在主要位置,让学生有学习排球的兴趣和主动性,促使高等院校的体育教学更加高效地展开。把学生学习排球的动力激发出来,从而使其更自主地开展排球运动。高等院校的体育教师还要了解每个学生的个性化特点,针对学生的实际情况营造以学生为本的课堂教学,最终促进学生的身体素质的提高。

在传统意义上的教学中,教师演示,学生对教师的动作进行模仿,此时,教师是教学的主体,学生的主体性地位被忽视了。不论是分层教学,还是探究性教学,或者是俱乐部教学,都把学生放在主要位置,根据每个学生的具体情况开展教学,让教学变得更加轻松,学生不再是被动地学习,而是主动学习,学生的潜能被充分地挖掘出来。

在分层教学这一模式中,学生的主体性地位非常显著,促使学生之间合作学习,并培养他们的竞争性意识。在高等院校的排球教学中采用俱乐部教学的模式,可以进一步提高排球教学的质量,提高学生的排球水平。

创新排球教学的模式,并不是要完全摒弃传统意义上的教学模式,而是在分析教学内容和学生的基础上,采用个性化的教学,因材施教,促使教学模式和各个层次的学生的需要相符合,把学生学习的积极性激发出来,最终促进教

---

[1] 朱晓菱,倪伟.体育健康与实践[M].上海:上海大学出版社,2021:86.

学质量的提高。

2. 改善考核方式，提升学生的过程性感受

在传统意义上的排球教学中，主要是针对学生的学习成果进行考核与评价。这是一种终结性的评价方式，不能对学生学习的过程进行监督和管理，故而，这样的教学效果的考核是不太合理的。每个学生自身的身体素质是不同的，如果只是用同样的方式来对学生进行考核，相对来说是不公平的，就会影响学生学习中的积极性和主动性，在进行考核的时候，教师可以针对学生学习的各个阶段进行测试和评价，还要把学生的思想意识等因素考虑在内。如果教师及时考核学生在每个阶段的学习情况，学生就可以根据教师对自己的学习效果的反馈及时调整自己的学习方法和方向，最终促使学习的效果得到进一步提升。这样的考核方式可以把学生学习的热情和积极性激发出来，促使排球锻炼的信心得到增强。高等院校的体育教师在教学课堂中对学生的表现进行评价的时候，不能再像传统意义上那样，而应尽量减少批评性的话语，提高学生对学习的积极性。①

（二）排球教学与运动损伤预防

1. 高校排球教学中运动损伤发生的原因

（1）在排球教学前期没有进行充分的准备工作

在开始排球训练之前，一定要做好准备性的工作，这样可以在一定程度上降低运动损伤的发生。对现在的教学进行分析，我们就会发现，一部分高等院校的教师在开设排球课的时候，并没有把准备性的工作放在重要位置，在正式教学的时候，只是让学生作几个简单的动作来热身，并不能达到全面的热身效果，长此以往学生的身体的各个组织和器官不能被有效地调动起来，很容易使学生在面对高强度的训练的时候出现运动性的损伤。

（2）在排球教学活动中进行针对性的技术指导

排球运动要求学生熟练地使用技术，然而，这一运动技巧五花八门，非常复杂，学生就需要在日常的学习中就掌握各种运动技巧，只有这样，才能减少运动损伤的出现。在正式开展教学的时候，教师需要把正确的排球技术动作教给学生，还要让学生了解人体结构和运动生物力学等方面的知识，这也能在一定程度上规避运动损伤等问题。

2. 高校排球教学中运动损伤的预防措施

（1）加强高校排球教学安全防范意识构建

在开展排球教学的时候，要让学生在内心深处树立安全性的防范意识，在

---

① 主红. 创新高校排球教学模式的路径探究［J］. 创新创业理论研究与实践，2020，3（18）.

正式运动之前做好准备性的活动,这样可以预防学生出现运动性的损伤。教师要把运动安全防护的相关知识教给学生,让学生提前做好准备,从而积极参与排球教学和锻炼。

(2)使学生具备科学合理的运动意识

在进行排球教学的时候,一定要把运动意识融入教学内容中,对教学的内容进行科学和合理的安排。教师要把排球运动的技巧传授给学生,促使学生在日常的学习中掌握排球运动的相关技巧。教师可以把各个技术动作进行分解,了解每个学生的具体情况,因材施教,把时间和空间有效利用起来,将学生的体能和运动性技巧充分地展现出来,既要保证运动量,又要对各种训练活动进行合理的安排。不论是进行技术性的教学,还是开展技术性训练,教师都要保证动作的规范性,在这个基础上,将运动损伤程度降到最低。①

二、排球训练

(一)高校排球教学训练的影响因素

1. 地域气候因素

大多数的体育排球课程都是在教室外的场地上进行的,很多客观性的条件对教学的影响比较大,比如,大风、雨雪、噪声等。如果在室外教学,外界的环境比较恶劣的话,学生更容易出现运动性的损伤。比如,如果刮大风的话,排球运动往往无法正常开展;如果温度太高的话,学生在高温下很容易中暑,甚至出现晕厥等情况;如果温度太低的话,学生会出现扭伤性的肌肉拉伤;如果光线太强或者太弱的话,学生在练习的时候就不能做出准确的判断;如果遇到雨雪天气,就没法正常开展排球课程教学了。因此,高等院校的体育教师一定要对地域性气候因素给予高度的关注,只有这样,才能更好地开展排球教学。

2. 场地和器材因素

因为排球训练牵扯到一些难度比较高的技能,然而,这些技能需要消耗很大的体力,动作的幅度也很大,还具有很大的危险性,因而,这就需要排球训练的场地和相关的器材是安全可靠的。比如,场地的光滑度是怎样的,场地的材质是否和国家的相关标准相符合,场地的面积是否达到一定的标准等。在还没有发生危险的时候,教师就做好充分的准备工作,把危险扼杀在摇篮之中,尽可能地把一切危险性因素都排除在外。

---

① 吴清莉. 浅析高校排球教学中运动损伤的预防[J]. 文体用品与科技, 2020, 2(2).

3. 教师素质因素

在排球教学训练中，指导教师不只是需要对学生的课堂教学进行引导，制定和实施排球教学的目标、计划、方法等；还要维护课堂教学中的秩序，当教学中出现危险性因素的时候，教师要采取有效措施予以解决。因而，排球教师既需要专业性的技术，还需要组织能力、应对突发状况的能力等。时代在不断发展，社会也在进步，出现了很多新的知识和新的问题，因而，排球教师需要不断学习、不断进步，了解一些新的技术，并把这些新的技术广泛应用于教学训练中，只有这样，才能真正引导学生不断进步。

4. 学生自身因素

在高等院校的排球教学训练中，学生是教学的主体，专业性的教师要指导学生开展排球教学训练。学生学习排球是积极的、主动的，而不是被动的，更不是被强迫的。兴趣是最好的老师，学生只有掌握了一定的运动技能，才能进一步培养学习兴趣。假如学生并不具有很高的技能的话，其就不能体会到排球技能学习的快乐；假如学生具有很高的技能的话，其就可以在比赛中倍感轻松和愉快。

（二）基于现阶段高校排球教学训练现状采取的应对策略

1. 教学训练中新教学媒体的运用

排球的训练也需要一些新方法的融入，不能固守传统。在进行排球训练的时候，教师可引入教学新媒体，采用分层教学的方式和方法，把学生划分成好几个小组。教师可以首先引导学生观看正反手传球的视频，然后自己做出示范性动作，让学生自己练习，然后逐步掌握这一技巧，还要鼓励学生在课后也多加练习。

2. 增强教师与学生的风险规避意识与素质

学生是排球教学的重要参与者，同时也是排球教学训练任务的接受者，增强学生的风险规避意识，对于维护课堂教学安全有着重要的意义。针对高校公共体育排球教学中出现的学生自我保护意识较弱、排球技巧训练不合理、自身身体素质等问题进行专门讲解与教学，能够降低风险的发生概率。与此同时，也需要全面提升教师的安全防范意识和能力素质。教师要在进行排球选修课教学前，应及时提醒学生报告身体健康情况、是否存在运动安全风险，进而评价该学生能否进行训练，或者安排接受什么程度的训练内容。另外，教师在开展排球教学训练中，指导教师应该在课堂中加强巡查，及时纠正学生技术动作要领出现的问题，如果发现学生在课堂中出现的不恰当、不正确、不安全的训练方式和行为，应该及时制止。这就要求排球指导教师自身应该具备专业的排球训练技术、扎实的理论教学基础、危险识别和安全防范意识与办法等，同时也要求教师具备高度的责任感和敬业精神,并能够将精力全部投入排球教学中,全面提高学生的排球训练技巧水平与安全意识。

综上所述,在推广使用新教学模式的同时,教师还应该注重学生在排球训练中的安全。每种教学模式或教学方法都有其自身的优越性与特点,教师不能完全采取单一的教学模式,应多元化融合不同教学方法,并将这种优越性逐渐渗透到排球教学训练中,各教学方法取长补短,全面解决高校排球教学训练的短板问题。[①]

第三节 排球运动技术教学与训练

一、高校排球扣快球技术教学训练策略

(一) 把握学生的性格特征,加强基础性锻炼

在学习扣球技术的时候,教师要对学生的身体状况有较为充分的了解,以此为依据,分层次进行教学,促使学生可以把握重点的教学内容。学生对自己助跑的姿势进行有效的调整,当跳起来的时候,步子尽量高一点,这样可以提高助跑的速度,增强爆发力。在抛球的时候,如果抛球比较高的话,跳起来的时间尽量晚一点;如果抛球比较低的话,跳起来的时间要早一点,而且要快速。不论是怎样的抛球,都要把握好起跳的时间,不然的话,就会对扣球的效率产生一定的影响。教师要和学生多加沟通和交流,对学生的学习情况有一定的了解,让学生正确地认识扣球这一动作,并进行原地徒手练习。与此同时,教师还可以引导学生开展走步起跳练习,提高学生排球练习的科学性。

教师在引导学生学习基础动作的时候,要了解学生的助跑和起跳的动作是否标准,促使学生对基础性的技巧有较好的把握。扣球技术要和学生的基础性学习联系起来,促使各个动作更具连贯性,提高学生的学习热情,最终促进排球学习技巧的提高。教师还要让学生练习接球,在接球的时候保持身体的平衡,对控制球的力道进行有效的把握。

在接球的时候,手掌要尽量张开,就像一个勺子一样,整个手把球包裹

---

① 孙阳.高校排球教学训练现状及应对策略[J].黑龙江工业学院学报(综合版),2019,19(7).

住。教师还要教会学生借助于手臂来增强球的威力，把球的爆发力发挥出来。

（二）增强学生的技术性练习

当教师引导学生进行扣球的时候，首先要让学生掌握一些基础性的知识，还要提高学生的扣球技巧。学生跑步的速度也要提高，在起跳之前，学生应该进行预判，在跳起来的时候进行适当的调整，在击球的时候，可以根据自身的力度击打。在锻炼的时候，学生可以形成一定的思维记忆力，促使动作越来越熟练，除此之外，学生还要学会仔细观察。[①]

二、排球发球技术教学与训练

在进行排球比赛的时候，发球是第一步。如果发球非常准确，并且具有很强的攻击性的话，就有机会直接获得分数或者打乱对方球队的进攻战术，与此同时，还会在一定程度上减轻自己队伍的防守的压力。如果发球具有很强的威力的话，可以增强整个队伍的士气，打乱对方的战术，挫伤对方的团队氛围。相反，如果发球并没有很强的攻击性的话，就很容易丢失分数，甚至失去发球的权利，对方队伍就会借此机会形成进攻，自己队伍的防守就变得非常困难了。因此，排球在发球的时候，一定要确保具有一定的稳定性，还要具有一定的攻击性和准确性。

（一）正面上手发球

发球的运动员要面对球网站立，通过收腹转体动作带动手臂加速，在头的右前方的位置用整个手掌击打排球促使排球过网。正面上手发球击打排球的位置是比较高的，可以利用胸部和腹部的爆发力和手掌的推力来使球向上飞转起来，相对而言，球打出界的概率是比较低的，因此，此种发球的准确性非常高，攻击性也很强。

正面上手发球主要的动作包括：准备性姿势、发球选取的位置；抛球和挥舞臂膀；挥舞手臂击打排球等，可以采用以下方式进行练习。

1. 徒手模仿练习

（1）在原来位置徒手进行抛球的练习

当转身的时候，挥舞臂膀的动作一定要快，在挥舞臂膀的同时，一定要把球抛出去，这两个动作要相互配合，教师还要及时检查学生的动作是否标准，

---

① 李建林. 浅析高校排球扣快球技术教学及训练 [J]. 科教导刊（电子版），2019（19）.

如果动作不标准的话，一定要及时纠正。

（2）在原来的位置徒手挥动手臂进行鞭打的模仿性练习

在练习的时候，动作一定要快，重心一定要平稳，动作之间也要相互协调。

（3）在原来的位置上，两个人为一个小组，一个人拿着球，一个人挥舞手臂进行击球练习

教师给出一些口令，学生根据教师的口令，在原来的位置上挥舞手臂做出发球的动作，一定要准确地击打在排球上，当然，发出的力道不能太大，也不能太小，动作一定要标准。

2. 结合球的练习

（1）在原来的位置做抛球的练习

一个人就是一个小组，在原来的位置做挥舞手臂抛球的练习。不只是排球的位置要准确，排球的高度也要准确，抛球的最好的位置就是把球抛在击打排球的手臂的一侧，最好是在身体的前上方位置。当然，抛球的高度是既不能太高，也不能太低，在头的上方差不多一米的位置是最好的，这一高度可以确保发球最为稳定。

（2）发球和接球的练习

两个人为一个小组，两个人之间的距离差不多是十米。在原来的位置自己先发球，发球的时候使用的力道不能太大，一定要整个手掌都包住球，还要对力量进行有效的控制，从而把球较为精准地发到合适的范围内。这个练习首先要学会的是准确地抛球，确保抛出来的球的位置和高度一定要合适，落下的位置也要精准。

（3）对着墙壁进行发球的练习

学生持球在距离墙壁十米的地方做发球练习，在击球的时候，不论手型，还是击球的位置，甚至击球的部位都要正确，所使用的力道一定相互协调，反复练习，一直到非常熟练为止。

（4）找到合适的区域来进行发球练习

这是一种比较具有针对性的发球，需要对球的落地的位置和区域进行有效的控制，还要掌控好球飞出去的弧度，当然，过网的点越低越好，首先要确保发球成功，在这个基础上，再让发球具有威力。

（5）找到合适的点来进行发球练习

这个动作的难度更高了，既要保证发球的质量，又要提高发球的准确性。教师可在练习场地的一些固定的地方放置几个障碍物，然后让学生通过发球来寻找障碍物等。

3. 变换落点发球练习

发球的队员在发球的时候，需要了解对方的人员所站的位置、对方球员的能力的强弱，从而针对性地进行发球，队员要了解各个方位的情况，把控好落球的位置，还要控制好球的速度等，尽量让球路多样化。

（二）大力跳发球练习

发球的运动员在前端的线后，借助于跑步跳起来在空中，就像是扣球一样把排球击打入对方队伍的场地内的一种发球方式就是我们所说的跳发球。实际上，跳发球的动作和在远离网的地方进行扣球的动作是差不多的，可以正对着球网助跑，也可以斜对着球网助跑。接下来，我们主要介绍正面助跑跳发球上旋球的技术的方法。

（1）两人隔网相对而立，两个人站在线的外边进行发球练习。在发球的时候，一定要把握好抛球和助跑跳这两个点。需要首先练好抛球技术，只有把抛球练好了，才能练习跳发球。

（2）一个人是一个小组，隔着网相对立站着。在原来的位置自己练习助跑起跳的动作，步法一定要清楚，跳起来的时候一定要用上劲。要调整好自己的位置，以免在跳起来的时候踩到线，助跑起跳技术需要反复进行练习。

（3）两个人隔着网练习跳发球。一个人发球，另一个人接球。发球的人一定要好好发球，接球的人对发球做出一定的判断，提前做好接球的准备工作，进而准确地接到球。然后，接球的人和发球的人的角色转变，进行重复练习。[①]

第四节　高校排球教学中战术意识的培养

一、战术意识的内涵与培养的内容

（一）战术意识的内涵

所谓的战术意识指的是，在展现自己的运动技术的时候，运动员对自己的

[①] 徐文超，程宇. 排球发球技术的发展及教学训练方法 [J]. 文化创新比较研究，2018，2 (32).

行为进行一定的支配，并且带有战术性的目标的一种活动。在进行比赛的时候，运动员做出的判断、应变性的能力和实践能力等，甚至是对各种技术的合理运用等，都受到战术意识的影响。

（二）战术意识培养的内容

1. 技术的目的性

在对技术和战术进行使用的时候，一定要具有明确的目的，做出来的每一个动作都具有战略性的意义。

2. 行动的预见性

在排球比赛的现场，对抗性是非常激烈的，情况随时都会发生转变。当比赛现场的情况发生变化的时候，运动员要对各种动态化的变化进行分析，从而采取针对性的应对策略。

3. 判断的准确性

只有做出正确的判断，才能采用正确的行动。合理运用技术和战术的基础就是做出较为合理和准确的判断。在排球比赛现场的时候，运动员要增强自身的准确判断能力，不能太随意和盲目，从而在比赛中占据主动权。

4. 进攻的主动性

要想在比赛中取得胜利，要把握住一切机会来进行积极的进攻，占据主动权，把进攻的突然性和攻击性等充分地发挥出来。

5. 防守的积极性

从一定意义上来说，如果没有防守的话，也就没有进攻。不论是防守的技术，还是防守的战术，都需要具有一定的进攻性，也要带有非常明确的目的。

6. 战术的灵活性

在临场的时候，随时都可能出现一些主客观的变化，运动员要根据实际情况，采用针对性的应对措施，灵活地使用各种各样的攻击和防守战术。

7. 动作的隐蔽性

运动员可以使用一些假动作，这样就会给对方造成一定的困扰，使对方不明白自己队伍的技术和战术，从而以假乱真，扰乱对方的判断。

8. 配合的集体性

排球运动是一项集体性的运动，具有很强的对抗性，运动员和队友之间要相互配合，取长补短，把自身的技术和集体的战术有效地融合起来。

我们要想对运动员的战术意识进行培养，需要长时间的磨炼，不可能一蹴而就，因为战术意识的内容不一样，要求也就不一样，要采用针对性的训练方式，把战术意识和训练计划有机融合在一起。

二、排球运动战术意识的发展价值

(一) 排球运动战术意识的个体发展价值

学生从事排球运动可以获得身体素质、运动习惯和思想意识的极大提升与发展，在排球运动中，通过系统而科学的手段，可以让学生形成一定的战术意识，促进学生的个体发展。

战术意识的形成和发展可以激发学生从事排球运动的热情，在排球运动战术意识的培养和建构过程中，学生通过持续的参与和系统地学习，建立了对排球运动更为积极、更为稳定的认知，有利于学生在运动项目参与和选择中将排球作为首选，不断在个体层面上建立运动习惯的基础，也形成了排球运动对个体专项能力和素质发展的保障作用。

通过排球运动战术的学习和培养，可以提升学生个体力量、灵活、耐久等各项素质和能力，有利于学生在持续学习和日后的发展中适应激烈竞争和持续挑战的局面，在思想层面上实现个体化发展的目标，在更广阔的平台和更深层次的基础上为学生完成学习任务、适应个体间竞争、实现个体成长提供保障和支持的可能。

(二) 排球运动战术意识的运动发展价值

通过运动和锻炼获得更高水平的运动能力、良好的运动习惯和健全的运动认知是高校体育教育的一个重要目标，在训练和教学中提升运动意识，不但有利于个体的成长，而且也对学生形成终身运动思想有着重要的价值。

通过排球运动战术意识的提高，既可以提升学生排球训练和教学中的临场应变能力，也可以形成对排球运动的深层次认知，使每个参与排球运动的学生都能够在艰苦的训练、辛劳的学习和激烈的比赛中保持运动的灵活性、意识的稳定性和思想的明确性，确保学生在抓住排球运动中每个转瞬即逝的机会，通过技术调整、动作优化、阵型变换、情绪调节，更好地进行自主调整和有效应对，适应排球训练和竞赛的局面和形式。

学生可在有效解决自身问题、纠正自身错误的基础上，通过冷静思想，降低错误发生的频率，找寻对手的失误和弱点，在灵活配合、全面优化的基础上发挥出更高的排球运动水平和能力，最终形成稳固而良好的排球运动战术意识和排球运动思想。

(三) 排球运动战术意识的社会发展价值

高校是培养高层次、专业型、综合发展人才的主要阵地，高校排球教学和训练也要遵从这一主要教育方向和战略，在排球教学中，通过战术意识的培养，可以提升学生的团体意识、集体思想和社会认知，有利于学生通过教学和训练发展成具有高度社会适应能力和交往能力的高水平人才。

通过排球运动战术意识的培养，不但可以使学生了解到排球是一项讲求集体配合的比赛。

通过排球运动战术意识的训练，使学生在集体范围内扩大沟通和交流的空间与维度，彼此间动作、眼神、声音的交流，就可促成集体完美的配合。

在排球运动战术意识发展的过程中，学生通过比赛，可以对外部世界和社会产生更为深入的了解，在持续的交流和多样化的沟通中实现对环境、社会、他人更为准确、稳定、良性的认知，进而为学生社会化、专业化、差异化发展提供思想上的基础。[①]

三、排球战术意识的培养途径

排球战术意识在排球运动中非常重要，这种意识能够帮助排球运动员更好地应对各种比赛。然而我们需要明确的是，排球战术意识的培养并不是一蹴而就的事情，而是一个需要一定过程才能够培养和掌握的。这就要求教师一定要在具体的排球实践训练中巩固和培养学生的排球战术意识，具体包含如下几种不同的方式：

(一) 在技术教学中培养学生的排球战术意识

在高校的具体体育教学实践中，由于训练场所、设备、体育活动等方面的局限性较大，因而很多的学生由于受到各种现实因素的限制而缺乏足够的时间来练习排球的战术。所以，这也对体育教师提出了较高的要求，即高校的体育教师在教学中一定要做好充足的教学计划，要在教授学生排球理论性知识的同时也教授学生一定的排球战术，让学生意识到排球战术在各种竞争比赛里面的重要作用，这样才会在学生的头脑中种下"排球战术意识"的种子，从而促使学生在真正的排球运动中合理地运用排球的各种战术，这样才能够在激烈的排球比赛中发挥得更好。

[①] 马宝国. 高校排球运动教学中战术意识的培养 [J]. 黑龙江科学, 2019, 10 (17).

在平时的排球学习里面,教师和学生都是处于一种轻松的学习环境中,因而这个时候学生的理解能够更强,学生能够更好地学习和认识排球这项运动的特点以及要求等,从而使学生能够科学地掌握这些运动的技术要点以及战术要点等。这样在真正的排球里面,学生才能够更加有自信心,才能够最大限度地发挥自身的主观能动性,从而更好地掌握比赛中的主动权。

(二)在战术教学中训练队员之间的配合度,提高战术合作意识

在普通高等院校的体育课程中,对学生进行排球战术教学和训练,培养学生具备较强的排球战术观念具有十分关键的意义。常言道:"熟能生巧",在日常开展的各种形式的排球练习中,学生可以把训练的重点放在策略上面,教师要让他们在具体的实践中对不同的排球技能、手势等进行有针对性的锻炼,这可以帮助他们在具体的排球比赛中更好地做出准确且恰当的分析,这样他们就能够在排球比赛中事先、主动地做出相应的策略微调,这样学生的进攻或者防守等才会更加有效。此外,在具体的排球战术学习中,教师也要想方设法地加强团队战术协作意识的培养,让排球不同成员之间的配合更加紧密。

高校的排球教学很重要,因而教师在教学中一定要选择适合学生的排球教学方式,这样才能够更大程度地激发学生的排球学习和练习的热情,取得更好的教学效果。由于排球这项运动具有一定的难度,因而在具体的排球教学中,教师对于初学的学生可以采用游戏教学的方式来开展初级的教学工作。例如,在排球教学的初始阶段,教师需要教会学生一些基本的排球动作,如发球、垫球动作等,这也是开展排球运动的基础,这个时候体育教师就可以采用游戏的形式引导学生进行充分的练习。一旦学生的基础动作不标准,那么学生的排球练习就会受到很大的影响,因而教师必须重视基础排球动作的教学。此外,在排球教学中运用游戏教学的方式还能够加强师生之间以及生生之间的互动,形成一种比较好的练习氛围,同时促使学生之间的合作,培养学生的团队合作能力。当大多数的学生都已经掌握了基本的排球技能之后,教师就可以组织学生开展排球的实践演练,使学生在演练里面运用各种排球战术。

(三)在实战演练中培养学生的排球战术意识

当学生掌握了一定的排球理论知识之后,教师就可以组织学生开展排球的实践演练活动,这样学生才能够把所学的知识运用到实践中,并且在训练中发现自身的问题,如排球的动作不标准等。此时学生能够较快速地改正自身动作不规范、不标准的问题,并且学生也能够在实战的演练中更好地提升自身的排球战术意识,更好地进行各种比赛。在排球的实战演练,学生一定要对自己有

较高的要求，同时要对自己出现的失误等进行详细分析，从而找出问题，这样能够促使学生的排球动作更加标准，同时有利于培养学生的排球战术意识。

通常情况下，在高校的排球教学中，学生可以通过多种不同的方式来培养和提升自己的排球战术意识，其中最为有效的方式就是对学生开展排球训练。这种方式能够为学生提供具有浓烈比赛氛围的环境，从而使学生在练习排球的过程中很好地培养自身的排球战术意识，使学生能够灵活地应用各种不同的排球战术，加强学生和其他队员的团队配合，增强学生的团队协作能力。

我们需要明确的是，排球队员的战术意识和观念并非与生俱来的，它离不开教师的细心指导以及对队员们的刻苦训练。排球的实战演练是排球教学的重要环节，它能够为学生提供很多的实战练习机会，从而让学生适应真正比赛的节奏和方式，使学生在实战中提升战术意识，从而为积极地参与排球比赛做准备。[1]

---

[1] 魏九伟，杨奇帅. 关于高校排球教学中学生战术意识培养的思考 [J]. 当代体育科技，2013（6）..

第五章 高校乒乓球教学理论与训练实践研究

乒乓球是我们国家运动员擅长的运动。经过很多届乒乓球运动员的共同奋斗，我们在乒乓球的运动中已经拥有了很好的成绩，在世界上都处于比较领先的位置。如何在新的时代里保持良好的竞技状态，这个问题是我们必须认真考虑的一个重要问题。在此基础上，相关的人员应结合实际的情况开展乒乓球工作，对此进行深入的反思、归纳、剖析，以推动我国乒乓球运动的发展。本章主要论述了乒乓球运动概述、乒乓球运动的基本技术与战术、乒乓球运动教学的原则与方法、高校乒乓球运动训练实践等内容。

第一节 乒乓球运动概述

一、乒乓球运动简介

乒乓球运动是由两名或两对选手用球拍在中间隔放一个球网的球台两端轮流击球的一项球类运动。球拍底板为木制，用来击球的拍面覆盖物可以是颗粒胶或海绵胶，球拍两面不论是否有覆盖物，必须一面为鲜红色，另一面为黑色。球台长 2.74 m，宽 1.525 m，高 76 cm，网高 15.25 cm。

19 世纪末，乒乓球运动起源于英国，流行于欧洲，最早叫"Table Tennis"，那时的乒乓球更多是欧洲王公贵族的家庭娱乐活动。从这个命名可以看出，网球是乒乓球运动的前身。1900 年出现了赛璐珞制的球，由于拍与球撞击时发出"乒"而落台时发出"乓"的声音，故而又称"乒乓球"。1926 年，第一届世界乒乓球锦标赛在英国伦敦举行。[①]

---

① 朱晓菱，倪伟. 体育健康与实践［M］. 上海：上海大学出版社，2021：146.

二、乒乓球运动的特点

(一) 乒乓球运动的一般特点

第一,乒乓球的器械及设施相对比较简便,人们可在室内或者室外的环境里面开展,活动范围广,适合不同年龄阶段、不同性别的人参与,易于为广大群众认可。

第二,乒乓球运动的快速运球、多变运球等,对运动员的瞬间快速的变向动作及快速的适应能力有一定的要求。这项运动可以促使人们保持一种比较良好的精神状态,并且能够帮助人们提升协调能力。

第三,乒乓球运动往往会有多种不同的运动形式,如单项乒乓球、双打乒乓球以及团体乒乓球项目等。这些不同的项目可以培养和提升球员不同的能力。例如,单项的乒乓球运动能够提升球员的独立应战和思考能力,而团体的乒乓球运动则能够比较好地培养和提升球员的团队合作能力,使他们具备较强的集体主义的思想。

(二) 乒乓球运动的专项特点

1. 球体轻,球速快,转速高

虽然乒乓球的重量并不是很大,然而乒乓球在运行的过程中却可以比较大的飞行速度以及比较快速的转动速度。这也是乒乓球的显著特点。在高速转动这种限制条件之下,乒乓球运动员要想打出应对的球,就需要具备较强的判断能力、反应灵敏能力以及协调控制能力等,这是对乒乓球运动员的一种考验。

2. 打法多样

乒乓球这项运动往往有很多种不同的打法,不同的打法要点不同,应对的球也有一定的差异。此外,乒乓球运动的技术风格也会有一定的差异,有些运动员的打法比较凶狠,有些运动员的打法相对比较稳定等。总而言之,乒乓球运动的打法多样,这就要求乒乓球运动员在比赛的时候必须具备一定的应变能力,这样他们才可以灵活地调整自己的打法,应对对方的来球。

3. 技术种类多,动作结构作用差异大

乒乓球运动项目的技术种类非常多,这些技术都具有较强的专业性,而且这些动作的结构作用也是不一致的,这就需要乒乓球运动员根据不同的情况采用不同的技术动作,从而使它发挥不同的作用。

三、乒乓球运动的价值

乒乓球运动具有一定的健身价值、娱乐价值等。因而在人们的日常生活中，不管什么年龄阶段的个体都可以从事乒乓球运动，他们都可以从乒乓球这项运动中受益。

（一）全身的肌肉和关节组织得到活动

乒乓球运动不仅可以使个体的上下肢体变得更加灵活，而且还可以改善个体的身心素质。在进行了大量的乒乓球比赛后，当个体的乒乓球能力越来越高，个体参与乒乓球运动的地方也会越来越广。这就促使个体的各项综合能力都得到了很大提升，而且他们的身体肌肉也变得越来越发达、越来越强壮，身体里面的关节也变得越来越灵活。

（二）可以促进交流，增加友谊

对很多人而言，他们通过积极地参与乒乓球运动可以认识很多新的朋友，这样不同的个体就可以共同地讨论乒乓球的各种技术和战术经验，同时在轻松的氛围里共同切磋乒乓球技术，这也是一种很好的互动方式。在这个过程中，人们不仅可以学习一些新的乒乓球知识，同时也可以交流一些生活琐事等，释放生活和工作之中的压力。众所周知，现在很多人，尤其是年轻人都面临着一定的压力，这些人通过参与乒乓球运动可以释放一定的压力，放松自己的身心，从而使自己以更好的状态迎接生活和工作中的全新挑战。

（三）可以提高人的应激能力

乒乓球这项运动十分考验参与者的应变能力和反应能力，这是因为乒乓球变化非常快，所以对战双方的个体都需要在运动中集中注意力，并且要时刻做好应战的准备。这样的练习过程可以在一定程度上提升个体的应激能力。可见，长期从事乒乓球运动会提升个体的反应灵敏度，并且使个体能够对一些细微的变化做出快速的反应，从而采取合理的措施来应对各种变化。这也是现代人十分需要的一种能力，它能够帮助个体更好地面对生活中的各种突发情况，提升个体的现实问题解决能力。

（四）对人体心理的积极作用

从本质的层面进行分析，乒乓球其实就是一项十分重要的竞技性运动，因而乒乓球比赛就会有输赢的结果。这就要求乒乓球的参与者具备较强的心理素质，这样他们在参与乒乓球运动的过程中才能游刃有余，才能泰然自若地面对各种可能的比赛结果。乒乓球运动能够有效地对个体的心理进行锻炼，提升个体的心理素质。①

第二节　乒乓球运动的基本技术与战术

一、乒乓球运动的基本技术

乒乓球技术主要有握拍法、基本姿态、基本步法、发球与接发球、挡球与推挡球、攻球、搓球、削球、左推右攻、推挡侧身攻、发球抢攻等。

（一）握拍法

1. 直式握拍法

直拍握法的特点是正反手都用球拍的同一面击球，一般情况下，无须两面转换，出手较快；正手攻球快速有力，攻斜、直线球时拍形变化不大，对手不易判断，便于从速度、球路和力量上取得主动；手腕动作灵活，发球可作较多变化。但反手攻球时，因受身体阻碍较难掌握，不易起重板；攻削交替时手法变化大，影响击球速度和准确性；防守时照顾面积较小。

2. 横式握拍法

横拍握法的特点是照顾的面积比直拍大，攻球和削球时握拍的手法变化不大；反手攻球不受身体阻碍，便于发力；削球时用力方便，便于发挥手臂的力量和掌握旋转变化。但在不定期击左右两面来球时，需要转动拍面，动作大，影响摆臂速度；攻直线球时，动作明显被对方识破；台内正手攻球较难掌握。

（二）基本姿态

正确的基本姿态应该是：两脚平行站立（脚尖指向平行），提踵、前脚掌内侧用力着地，两脚间距离比肩稍宽。两膝微屈并稍内扣，上体略前倾，重心置于两脚之间，两眼注视来球。以右手握拍为例，持拍向左成半横状，使手臂

---

① 姜振捷，徐云鹏. 体育与健康［M］. 重庆：重庆大学出版社，2021：154.

保持自然弯曲，置于身体右侧，肘略外张，手腕放松，将球拍向左成半横状，使拍形保持自然后仰。球拍置于腹前，离身 20~30 cm，做到"注视来球，上体微倾，屈膝提踵，重心居中"。

两脚开立比肩略宽是为了保持身体重心的稳定性。两脚脚尖指向同一方向，并快速启动移动，有着重要的作用，它可以直接蹬地启动，从而缩短了步法移动的时间。

（三）基本步法

1. 单步

击球时，以一脚的前脚掌为轴，另一脚向前或向左（右）移动一步，身体重心也随之移动到摆动腿上，然后挥臂击球。来球距身体较近时常用这种步法。

2. 跨步

一脚蹬地，另一只脚向移动方向跨一大步，蹬地脚随后跟上半步或一小步，身体重心即移到跨步脚上。实际运用于近台快攻打法，用来对付离身体稍远的来球、削球打法、跨步侧身攻，当来球速度较慢，但离身体稍远时，左脚向左前方跨一大步，右脚随即跟上一小步，同时配合腰部右转动作，完成侧身移动。

3. 并步

移动时，先以与来球异方向的脚向另一只脚并一步，然后与来球同方向的脚再向来球的方向迈一步迎击来球。由于并步移动范围大，能保持重心稳定，一般在来球速度不算太快时可以使用。如削球的左右移动、快攻、拉弧圈球等，就常用这种步法。

4. 跳步

以与来球异方向的脚先起动，用力蹬地，两脚一同离地向左或向右移动。蹬地脚先落地，另一脚跟着落地，站稳后击球。这种步法照顾范围比单步大。小跳步还可用来作为还原步法，调整攻球的位置。它通常与单步、跨步综合运用。

5. 交叉步

击球时，以靠近来球方向的脚作为支撑脚，远离来球方向的脚迅速向来球方向在体前跨出一大步，腰和髋关节随势将支撑脚带向来球方向，在支撑脚落地前的瞬间击球，运用交叉步接短球或削突击来球较多。[1]

---

[1] 杜志锋，郭娜，姜雪，等．体育与健康［M］．北京：北京理工大学出版社，2019：99-103．

（四）接发球技术

1. 接发球的重要性

在现代化的信息技术时代，人们已经在大量的乒乓球实践的基础之上总结出了很多新颖的乒乓球发球技术，这些新颖的发球技术也开始逐渐被越来越多的乒乓球运动员应用到具体的比赛中，取得了一定的成绩。因而这也就要求我们一定要不断地优化和提升乒乓球的接发球技术，这也是乒乓球比赛中很关键的环节。

2. 接发球的站位和判断

（1）站位的选择

第一，我们需要根据对方初始发球的方向以及位置等重要的信息来决定和判断自身的站位。在具体的比赛实践中，运动员一定要仔细地观察对方的各种动作尤其是细微的动作差别，从而根据情况来应对对方的发球。例如，如果发现对方运动员打算用正手在乒乓球台面的右边角落开始发球时，这个时候运动员就需要考虑这种发球方式可能存在的情况，并且及时快速地调整自己的站立位置，这样就更加容易接住对方的发球。

第二，我们需要根据对方的整体习惯等来对自己的站立位置进行细微的调整。例如，有些乒乓球运动员喜欢在打球的过程中打相持球，那么该运动员就有很大的概率会发长球，面对这样的情况，我们这边的乒乓球运动员就需要适当地离开乒乓球台面一些，站的距离稍微远一些，以便应对对方的发球。不过我们需要强调的是，乒乓球运动员的风格不是一成不变的，我方的运动员需要时刻保持警惕，以免对手发来短球，这也是有一定的概率的。

（2）来球性能的判断

对于乒乓球运动员而言，他们在打球的过程中要想快速高效地接住对方运动员的来球，那么他们一定要能够快速地对来球做出判断，而且判断要准确，这样他们才会有更大的把握接住来球。

第一，根据对方运动员手中的乒乓球拍子的方向以及他们手臂的挥动方向等对来球进行初步的判断，从而确定对方是直线的来球还是斜线的来球。

第二，根据对方运动员在发球的时候乒乓球拍子和球的移动方向等基础的信息来判断来球是否会旋转以及旋转的幅度等。这个时候我方运动员一定要观察仔细，不要被对方运动员的一些假动作所影响。

第三，根据对方运动员在发球的时候呈现出来的摆臂位置和幅度等来基本判断来球的力度以及可能的落点位置。

第四，根据对方运动员用球拍击球的声音大小来判断乒乓球的力度等信息。

3. 接发球的方法

通常情况下，在乒乓球这项运动中，接发球会有多种不同的方式，这些方法主要涵盖了点、拨、推、削等乒乓球专业技术。不过这些乒乓球的接发球方法都是一些常规的方法。在具体的运动实践中，对运动员尤其是那些已经掌握了这些初步的接发球方法的运动员而言，他们可以在运动中灵活地运用各种方法，并不需要受限于这些常规的方法。

（1）接急球

在具体的乒乓球运动中，如果对方的运动员发过来一个速度非常快的球，而且这个球还在不停地上旋，这个时候我方的运动员就需要调整位置接住来球。对于左边方向的急球，我方运动员尽量不要有大幅度的移动，可以运用侧身的方式来回接，一般采用反手攻的方式把球打过去。对于右边方向的急球，我方运动员则需要使用正手快带等方式把球打回去。这样接住球的概率更高一些。如果对方的运动员发过来一个急球，同时这个球还是向下旋转的，这个时候，我方的运动员就需要采用推或攻的方法来回球，并且在回球的过程中要使乒乓球有一股向上的力量。

（2）接下旋球

在具体的乒乓球运动中，如果对方的运动员发过来一个速度十分缓慢的球时，这个时候我方的运动员就可以采用搓球来回接这个球。我方的运动员在回球的时候一定要使自己的乒乓球拍面向后面仰，这样可以使乒乓球有一种向前上方的力量。

（3）接短球

在具体的乒乓球运动中，如果对方的运动员发过来一个短球，这个时候我方运动员就需要掌握接住短球的技巧，那就是运动员在接球的时候一定要向上发力，并在这个过程中寻找一个合适的回击球的点。这个时候我方的乒乓球运动员就需要充分地利用自身的前臂以及手腕关节来发力，更好地调整乒乓球，从而准确地回击。[①]

二、乒乓球运动的基本战术

（一）发球抢攻战术

发球抢攻战术很重要，这种战术也应用广泛，它能够帮助乒乓球运动员更

---

① 王庆贤，东芬．大学体育教程［M］．苏州：苏州大学出版社，2018：142-144.

好地争取主动权,从而更好地控制比赛的局面。常用的发球抢攻战术,主要有以下几种:

(1) 正手发转与不转。

(2) 侧身正手(高抛或低抛)发左侧上(下)旋球。

(3) 反手发右侧上(下)旋球。

(4) 反手发急球或急下旋球。

(5) 下蹲式发球。

(二) 接发球战术

我们需要明确的是,在乒乓球运动中,接发球的技术很关键,然而接发球的战术也发挥了十分重要的作用。我们甚至可以说,在一定程度上,一个乒乓球运动员的接发球能力就可以代表着这个运动员的乒乓球实战能力。在具体的接发球过程中,一旦运动员识破了对方运动员的发球套路,这个时候运动员就可以采用一定的方法来阻碍对方运动员的发球,从而改变自身的局面,使自身具有了一定的控制权。常用的接发球战术:

(1) 稳健保守法。

(2) 接发球抢攻。

(3) 盯住对方的弱点处,寻找突破口。

(4) 控制接发球的落点。

(5) 正手侧身接发球。

(三) 搓攻战术

搓攻战术在乒乓球运动中也很重要,它主要是指在运动的过程中运用搓球旋转的变化等来改变局面,从而开启抢攻。在日常的乒乓球比赛环节中,很多运动员都会使用这种战术,常用的搓球战术有:

(1) 慢搓与快搓结合。

(2) 转与不转结合。

(3) 搓球变线。

(4) 搓球控制落点。

(5) 搓中突击。

(6) 搓中变推或抢攻。

(四) 对攻战术

对攻战术很重要,它主要应用于相持阶段中。这也是一种很常见的进攻方法。快攻类打法主要依靠反手推挡（或反手攻球）和正手攻球（或正手拉弧圈球）的技术，充分发挥快速多变的特点来调动对方。常用的对攻战术有以下几种：

（1）紧逼对方反手，伺机抢攻或侧身抢攻、抢拉。
（2）压左突右。
（3）调右压左。
（4）攻两大角。
（5）攻追身球。
（6）变化击球节奏，加力推和减力挡结合，发力攻、拉与轻打轻拉结合，也可造成对手的被动局面。
（7）改变球的旋转性质，如加力推后、推下旋；正手攻球后，退至中远台削一板，使对方往往来不及反应，可直接得分或创造机会球。

（五）拉攻战术

拉攻战术是以攻为主的选手对付削球的主要战术。为了发挥拉攻的战术效果，首先要具备连续拉的能力，并有线路、落点、旋转、轻重等变化；其次要有拉中突击和连续扣杀的能力。常用的拉攻战术主要有：

（1）拉反手后，侧身突击斜线或中路追身球。
（2）拉中路杀两角或拉两角杀中路。
（3）拉一角或杀另一角。
（4）拉吊结合，伺机突击。
（5）拉搓结合。
（6）稳拉为主，伺机突击。

（六）削中反攻战术

削中反攻战术大部分就是依靠削球来完成，削弱对方的力量，使对方没有很强的进攻条件，从而使自己可以有条件开展一定的反攻。常用的削中反攻战术主要有：

（1）削转与不转球，伺机反攻。
（2）削长短球，伺机反攻。
（3）逼两大角，伺机反攻。
（4）交叉削两大角，突击对方弱点。
（5）削、挡、攻结合，伺机强攻。

(七)弧圈球战术

弧圈球战术的显著优点就是它能够把速度和旋转这二者进行有机结合,这样就会使稳定性保持得很好,同时也能够增强运动员的适应能力。在很多大型的乒乓球比赛中,已经有很多优秀的乒乓球运动员在使用这种战术。常用的战术如下:

(1) 发球抢攻。

(2) 接发球果断上手。

(3) 相持中的战术运用。

(八)双打战术

双打战术具有较为广泛的应用空间,在具体应用中,乒乓球运动员需要根据双打配对的具体情况来进行调整,从而加强运动员之间的合作,共同实现既定的目标。这里介绍几种常用的双打战术:

第一种战术,发球抢攻。在具体的操作实践中,认真仔细地观察同伴是否需要抢攻,如果同伴有这种意向,个体就需要配合同伴来进行准备,从而更好地开启抢攻。

第二种战术,交叉攻两角的方式。引导对方的运动员在左右运动或者前后方向进行移动的过程中抓准时机来突击。

除此之外,在双打竞赛中,依据对手的打球顺序及两人的乒乓球技巧,选择主要的攻击目标,决定由哪一方首先发起进攻,这也是乒乓球双打比赛中一个很关键的环节。比较理想的办法就是运用一定的方法限制强者,然后对实力较弱的一方开展进攻。[①]

第三节 乒乓球运动教学的原则与方法

一、乒乓球运动教学的原则

乒乓球运动教学是一项十分重要的体育教学活动,因而教师在开展乒乓球

[①] 梁枫. 乒乓球运动中的战术训练和战术运用 [J]. 文体用品与科技, 2022, 11 (11).

教学的时候需要遵循一定的原则,这些原则可以有效地指导教师的教学工作,从而提升学生的学习质量和效率。

(一)理论与实际相结合的原则

在具体的乒乓球教学环节中,在乒乓球课的学习过程中,教师要重视对学生的引导学习,即引导学生中扎实地掌握乒乓球的技术以及各种专业的技能;对于学生而言,学生在掌握和反复练习乒乓球专业技能的同时,也要深刻地理解理论知识的内涵。这也就意味着在乒乓球课的教学活动中,教师要注重专业乒乓球理论的系统讲授,让每个学习者不仅知道应该怎么操作,更要知道为什么这样做。在实施这一原理的过程中,教师应该考虑以下几点:首先,要对教科书的理论知识进行综合剖析,对乒乓球的教学计划进行适当规划,这样才能使理论与实践互相推动,才能充分地体现出乒乓球专业理论对技能教育的指导作用,同时也能让学生在技能教育过程中更加充分地认识到这一点。其次,在理论课上要注重采用与实践相结合的方法;如在乒乓球的技术和战术课上,体育教师要学会使用科学准确的理论知识向学生剖析动作的细节,并进行准确的示范。最后,当教师在教学中运用直观性的乒乓球教学原则时,也需要注意把理论和实践进行紧密结合,这样可以达到比较理想的效果,从而有利于学生的理解。

(二)直观性原则

乒乓球教学也具有一定的抽象性,因而这就要求教师在教学中遵循直观性的教学原则,即学生需要运用多种自身的感官去感受运动意象,让它们在脑海中建立明确的形象,这样有利于学生掌握乒乓球的各种专业知识和技能。人类认识事物的一般规律都是从感性认识开始的,乒乓球的教学当然也不例外。按照直观性原则的相关要求,人们通常都是运用自己的感官来感知各种信息,如眼睛、耳朵等,因而这就要求所有的物品要在条件允许的情况下放到人们的感官前面。如果一种事物可以在不同的感觉中产生影响,那么,这种感觉就必须与其他的感觉联系起来。乒乓球教学是离不开打球等身体活动的,所以,综合运用各感官(包括视觉、听觉和肌肉本体感觉)是贯彻直观性原则的一大特点。

在具体运用直观性原则时应注意:第一,广泛运用各种直观方式:动作示范、观摩优秀运动员的练习与比赛、教具演示、电影与录像、徒手动作示范、手把手地练习、跟着教师做模仿练习等。在乒乓球这项运动的技术教学层面中,一般以"看"为主,"听"为辅。然而我们需要明确的是,一旦学生的理念成形之后，在日后不断的训练中，学生对身体的感知就会变得很关键。第二，直观性的原则一定要有清晰准确的计划：教师需要挑选合适的能够体现直观性的对象（比如一个出色的基础运动选手），并且根据特定的准则等，告诉他们应该看到些什么内容以及应该怎样去观看和分析等。第三，在实现直观目的时，语言直观是一种重要的手段和策略，这是因为教师可以详细地向学生描述某个乒乓球的动作或者技巧细节等，这样可以加深学生的理解。

（三）从实际出发的原则

在具体的乒乓球教学实践中，体育教师一定要遵循从实际出发的原则，那是因为不同的学生个体之间存在一定的差异，因而教师只有从实际出发，才能够较好地把握学生的特点和需求，为学生提供更加有针对性的教学内容。教师在贯穿从实际出发原则的时候应该注意以下问题：其一，教师需要花费一定的时间等来分析和了解学生的实际需求以及学习目标，并且还要把握学生的学习能力和学习水平等。其二，教师在乒乓球的教学中一定要注意把一般要求和区别对待有效地融合起来，这就要求体育教师能够顾及大多数学生的乒乓球学习情况，同时教师还要特别关注特殊情况的学生，对这些学生进行针对性的辅导，从而增强这些学生的自信心，让他们感受到教师的关爱等，这样才能够较好地实现教学的目标，体现学生的个性特征。[①]

二、乒乓球运动教学的方法

合适的教学方法不仅能够提高教学效果，还可以激发学生的学习热情，对乒乓球运动的发展有着重要意义。

（一）讲解法

讲解法是一种常用的、基础的教学方法。教师向学生讲解的内容包括乒乓球运动的相关规则、方法、动作要领等，为学生学习与掌握相应的知识和技能提供更好的指导。

在乒乓球教学中运用讲解法，应当注意以下几方面问题。

第一，讲解目的明确，详略得当。根据教学内容、教学目标与学生的特点确定讲解的目的，在讲解过程中抓住重点与难点，提高教学的针对性，同时注意调节自身的语气和语速，让学生明白在哪些方面可能需要投入较多的学习与

---

① 张天羽，周文龙. 乒乓球文化发展与运动教学研究［M］. 长春：吉林人民出版社，2021：56-59.

练习时间。另外，教学时间有限，而随着学习时间的增加，学生的注意力也会逐渐分散，这对讲解提出了简明扼要、重点突出的要求。

第二，讲解内容正确，讲解方式恰当。不管是基本知识还是主要技能的讲解，都要将内容的正确性放在第一位，做到准确无误，否则讲解不但失去效果，还会对学生产生负面影响。讲解方式要反映教学内容的特点，与学生的学习能力与学习情况相适应，以培养学生的学习兴趣，使学生更快更好地掌握相应的知识与技能。

第三，讲解生动形象，举一反三。在讲解过程中，有的知识体系与动作技术不能孤立地讲解，应当将其与学生熟悉的内容联系在一起，注重学生创造性思维与发散性思维的启发，让学生可以触类旁通，对相关知识与技能有更清晰的理解，达到学以致用的目的。

第四，注重讲解时机与效果。在讲解的时候，要保证相应的内容能够传递给每位学生，首先要有一个合适的讲解位置。同时，讲解要能激发学生的积极性与好奇心，这样才能获得较好的效果。

(二) 动作示范法

动作示范法是指通过示范动作使学生掌握技术动作的结构、形象与要领的方法，可以是教师亲自示范，也可以由教师让一些学生示范。相比讲解法，动作示范法更加直观，非常适合复杂动作的教学。在乒乓球教学中运用动作示范法，应当注意以下几方面问题。

第一，在乒乓球教学中，体育教师向学生示范乒乓球动作的时候一定要标准，同时要有较强的目的性。这也就是说，当教师有不同的教学目的时，可以采用不同的方式和速度进行示范。例如，当教师只是为了让学生能够对某一组乒乓球动作有一个宏观的认识和了解，此时教师就可以适当地加快示范的速度；当教师向学生示范某个标准的复杂动作时，教师就可以适当地减慢示范的速度，动作示范要准确，且保证让每个学生都看明白；若是为了让学生掌握重点与难点动作，则可以重复示范。

第二，动作示范内容正确。正确的动作示范可以防止错误动作对学生的误导。

第三，动作示范要能让所有学生都看到。学生可以面对示范者错位站立，或者站成一个圆圈，示范者在中间。

第四，动作示范要与相应的讲解方法相配合。如采用一边示范一边讲解，或者先讲解再示范、先示范再讲解等方式，学生更容易理解技术动作。

(三)完整教学法

从动作开始至结束,完整地开展教学与练习的方法就是完整教学法。其具有动作优美协调、各动作间联系密切的特点,适合在进行技术动作难度较低或者技术动作不能分解的教学过程中使用。此外,在第一次示范动作的时候也可以运用完整法示范完整的技术动作形象。对于结构复杂、方向和路线变化多的动作来说,运用完整法就会出现一定的困难。在乒乓球教学中运用完整教学法,应当注意以下几方面问题。

第一,在学习那些没有难度且易于学生理解的乒乓球动作时,教师往往可以先向学生做一个完整版的示范,接着可以引导学生对照教师的示范进行完整的动作训练。

第二,对于不能分解的技术动作,运用完整教学法时不要过分拘泥于动作细节,应对动作变化的时机、动作的用力等各要素做必要的分析,把握整体,保证动作的完整性与流畅性。

第三,对于具有一定难度的技术动作,运用完整教学法时可以适当地降低难度,然后根据学生对动作的掌握程度再逐渐地增加难度,但是降低难度不能出现技术动作错误。徒手完成动作、减少距离和高度等都可以降低动作完成的难度。

第四,适当地改变外部环境。采取一定的措施使外部条件有利于完整动作的完成。

(四)分解教学法

分解教学法具体指导就是在体育教学中,为了使学生更加容易理解某些复杂有难度的动作,教师把这些复杂有难度的动作进行分解,从而依次学习这些分解的动作。其可以将复杂的动作分解成简单的动作,降低了学生学习与掌握的难度,适合在技术动作难度较高或者技术动作可以分解的教学过程中使用。但是,这种方法注重分解局部动作,造成学生在一定程度上对整体的理解不完整。在实际教学中,可以将分解教学法与完整教学法结合使用,使二者优势互补,共同提高教学质量。在乒乓球教学中运用分解教学法,应当注意以下几方面问题。

第一,技术动作分解合理。在认真分析技术动作特点的基础上采用合理的方式分解,注意空间和时间上的有序性与统一性。

第二,保证各个环节的联系与衔接。将完整的技术动作分解成若干个环节时,要注重各个环节间的联系性与过渡的流畅性,使之成为一个有机整体。

（五）预防与纠错教学法

在教学过程中，教师要正确对待学生出现的或者可能出现的错误，并有意识地进行引导与纠正，这就要运用预防与纠错教学法。预防与纠错之间互相联系。预防具有一定的超前性，分析可能出错的原因，积极引导学生避免出现错误；纠错有着明显的针对性，对学生出现的错误做出相应的纠正，并对出错的原因进行分析。[①]

第四节　高校乒乓球运动训练实践

一、高校乒乓球运动的身体训练

通常情况下，身体素质往往包含两种不同的素质：第一种是一般身体素质，如我们比较熟悉的速度素质以及柔韧性素质等。第二种是专项身体素质，这就是指人们完成某一项特定运动项目所需要具备的某一种身体素质。不同的运动项目往往需要不同的专项身体素质。

（一）身体素质的定义

身体素质通常指的就是人们的身体所呈现出来的一种状态。这意味着人们有足够的精神去做一天中的各种工作，但又不会太累，有一定的能量去悠闲地享受空闲的时间，去应对意想不到可能会发生的事情。我们通常可以从如下几个不同的层面来考察个体的身体素质，即力量层面、速度层面、耐力层面、灵敏层面以及柔韧性层面等。

（二）速度素质

速度素质通常指的是个体开展快速运动所体现出来的一种能力。事实上，很多重要的体育运动项目都需要运动员具备较强的速度素质。人们往往也可以从如下三个不同的层面来考查速度素质，第一个层面就是人们的反应速度，第二个层面就是人们的动作速度，第三个层面就是人们的位移速度。乒乓球运动

[①] 张燕晓. 现代乒乓球运动多维度探究举要 [M]. 北京：科学技术文献出版社，2018：134-136.

也要求参与者具备较强的速度素质，通常包含如下几种锻炼的方式：

（1）快速变换速度跑；

（2）各种姿势突然性起跑；

（3）短距离加速跑、往返跑、变向跑；

（4）台前各种步伐移动练习；

（5）四人一组绕乒乓球台做连续击球练习。

（三）耐力素质

耐力素质通常指的是人们在很长的一段时间里开展的肌肉活动的一种重要能力。其实很多体育运动项目都需要运动员具备较强的耐力素质。耐力一般包含两种不同的形式：第一种是有氧代谢耐力，第二种是无氧代谢耐力。

有氧代谢耐力具体就是指个体在很长的一段时间之内开展有氧供能的时候个体的肌肉所表现出来的一种能力。事实上，在的日常生活中，人们可以通过很多常见的方式来改善和提升个体的有氧代谢能力。例如，在炎热的夏季，人们就可以通过坚持不懈的游泳以及长跑等方式来提升有氧代谢的能力。

无氧代谢耐力具体就是指个体在一种缺氧的情况下，个体的肌肉供能所能够表现出来的一种长时间供能的能力。其实在乒乓球的运动中，很多时候运动员需要具备一定的无氧耐力，这样才能够有效地提升运动员的体力，帮助他们更好地完成乒乓球的各种赛事。

为了提高无氧耐力素质，主要采用大强度短时间的运动项目，来提高无氧耐力的能力。如用 200 m~400 m 跑，每次间歇 1~3 分钟的锻炼；3 m、5 m、7 m 等 30 秒来回快速移动，每次间歇 1~3 分钟来发展无氧耐力等。

（四）灵敏和柔韧素质

灵敏是各种运动技能和各种身体素质在运动过程中的综合表现。柔韧是人体各关节的灵活性，即生理活动度。

灵敏和柔韧发展要采用非周期性的项目，如体操、球类、技巧运动、跳高、跳远等多项锻炼，使大脑皮质神经过程的灵活性得到提高，从而增强人体活动的灵敏性。

柔韧素质的发展，因人体各关节的生理活动度不同，其锻炼手段亦各异。

（1）压腿（左右正压、侧压）主要发展腿和髋的柔韧性；

（2）躯干屈折练习主要是使躯干伸肌的长度和腿部后群肌肉的长度得到有效拉长；

（3）左右劈腿主要是发展两腿内侧肌群和韧带及髋关节的柔韧性；

（4）前后劈腿主要是发展腿部前后肌群和韧带及髋关节的柔韧性；

（5）躯干伸展练习主要是发展腹直肌和背部肌群以及脊柱的柔韧性；

（6）抬肩、转肩练习是发展肩关节柔韧性的专门练习。

（五）身体素质训练的注意事项

1. 要注意利用身体素质之间的相互促进关系，避免相互制约关系

人体拥有多种不同的身体素质，这些身体素质之间存在着十分紧密的联系。当人体的某一项身体素质得到一定幅度的提升之后，它也很有可能会促使人体的其他身体素质得到提升。这也是一种比较常见的情况。然而也会出现一些特殊的情况，那就是人们采用了错误的方式来锻炼，这样他们虽然在一定程度上提升了某一项身体素质，却很有可能会损坏或者降低身体的另外一种身体素质。由此可见，身体的各项素质之间有联系，因而人们在进行身体锻炼的时候需要考虑这种潜在的影响。

第一，在进行速度素质的训练时，人们需要先做几个运动度稍微大一点的短跑冲刺训练或者力度稍微大一点的上肢训练，这种适量的运动可以使人们的头脑变得很兴奋，从而达到更理想的训练效果。

第二，在完成了快速运动以后，人们还能做一些弹跳方面的运动，这两项运动都有助于大脑的功能稳定，从而对个体身体和心理健康水平的发展起到积极的作用。

第三，在进行了一定的耐力训练后，人们应立即进行若干快速跑步的运动，避免出现个体的速度素质下滑的情况。

第四，在进行完力量训练后，应立即进行松弛运动，以达到完全松弛的目的，避免个体出现较为严重的肌肉僵硬的情况。最初训练时，个体的力量不可太大，使用频率不能太高，循序渐进地提高力量的强度等。

2. 要注意练习的强度和量的关系

乒乓球这项运动对运动者的乒乓球技巧以及身体素质等也提出了一定的要求，这就需要运动者花费一定的时间来进行锻炼，还需要注意训练的强度和量之间保持一定的比例，从而更好地提升个体的乒乓球能力。通常情况下，在增加训练强度的时候，要适量地降低训练的练习量，否则会造成过多的伤害，使运动者处于一种很疲劳的状态；相反，在增加运动训练量的情况下，要注意控制好锻炼的强度，否则也会使运动者的状态受到消极的影响。在锻炼的过程中，要注意循序渐进，慢慢地加大锻炼的力度，使之符合运动者体能的发展

要求。①

二、高校乒乓球运动的心理训练

（一）乒乓球运动心理训练的内容

众所周知，乒乓球这项运动需要运动者具备较强的乒乓球技能，这其实也是一项技能性质的运动。虽然从外观上看，乒乓球十分小巧，然而乒乓球却有非常快的速度，方向也十分多变，因而这也十分考验运动者的各项专项技能。乒乓球运动比赛的氛围是很激烈的，所以每一轮都需要运动员打起十二分的精神，哪怕是最细微的失误，都会影响到比赛的结果。因而，这就要求运动员在竞技中充分地利用自己的身体以及乒乓球技术层面上凸显的长处，从而更好地控制乒乓球比赛的局面。其实在乒乓球的比赛过程中，一旦乒乓球运动员出现注意力不集中的情况，那么他们的比赛成绩就会出现很明显的波动。通过上述分析可知，在乒乓球的比赛中，运动者不仅需要掌握扎实的乒乓球技巧，还需要具备较强且稳定的心理素质，只有把二者结合起来，乒乓球运动员才能够在比赛中坦然自若，更好地迎接各种挑战。可见，对学生开展乒乓球运动的心理训练是十分有必要的。

对于个体而言，他们要想形成一种稳定的心理状态，需要较长的时间。这也就意味着我们要想对乒乓球运动员开展心理素质的训练需要花费较长的时间。这并不是一蹴而就的事情。总之，乒乓球运动员的心理训练往往包含如下几个方面的内容：

1. 精确的运动知觉

乒乓球运动员在打球的过程中一定要时刻紧紧地盯住乒乓球，因而这就要求其必须有十分精准的运动知觉。也就是说，乒乓球运动员能够利用自己的身体控制各种细微的打球动作，同时准确地判断乒乓球的空间位置以及可能的位置变化等信息。由于乒乓球相对比较小，又轻巧，因而这就更加需要运动员能够精准地控制乒乓球的方向、力度以及各种打球技巧等，这样运动员才会逐渐形成良好的"球感"，进而更加灵活地控制乒乓球，从而取得比例理想的比赛成绩。这就意味着乒乓球运动员一定要具备精准的运动知觉，对乒乓球很敏感，准确快速地判断乒乓球的各种变化情况，从而准确快速地做出判断和应对措施，这也是运动员打好乒乓球的首要条件。

---

① 王天怡.高校大学生乒乓球运动员专项身体素质训练研究［J］.科学咨询，2020（41）.

2. 注意力的稳定性与转移能力

注意力是一种定向且比较集中的思维行为。一个独立的个体能够长时间将他的注意力放在一件既定的事情或者物品上，这样的行为就充分地体现了注意力具有一定的稳定性。因为乒乓球这项运动的进攻和防守的速度都很快，所以它需要的是运动者有高度集中的精神。运动者不只是需要时刻地关注对方的发球方向、技巧以及力度等，还需要对自身已有的精力进行有效的安排和分散，这样就可以相对比较灵活地应对乒乓球比赛中的各种意想不到的情况，在各个方面做到不受场上突发状况的影响，以更好的心态面对和处理这些突发状况。运动员一定要能自觉地将自己的注意力和关注点高度地专注在乒乓球运动中，不要心存杂念，这样他们才能够表现得更加优异。

3. 良好的思维敏捷性和灵活性

思维的敏捷性具体就是指个体的思维很灵敏快速，能够高效地应对各种变化，从而做出及时的反应。在乒乓球的比赛中会出现很多个不同回合的进攻与防守，因而它的节奏十分快。这也是乒乓球这项运动的显著特点之一。在乒乓球运动中，运动员手中的乒乓球也会出现各种不同方向和程度的旋转，因而这就要求乒乓球运动员能准确地分析对手的打球心理以及对手擅长的打球技巧等，这样他们才能够在比赛中根据对手表现出来的各种信息等来判断对手可能的进攻方向以及方式等，从而更好地应对对手的进攻。这就要求乒乓球运动员具备敏捷性的思维，同时要具有较强的灵活性，那是因为对手也在观察自己，因而对手肯定会有一些出其不意的举动，所以乒乓球运动员需要灵活应对，争取更多的主动权。

在乒乓球运动中，场上千变万化，在对手变换战术的时候，运动员一定要以最快的速度跟上对方运动员的打球节奏，这个快速出现的思考过程和能力被人们称为"应变能力"。在乒乓球这项运动中，战术素养是决定运动员迅速反应速度的关键因素。运动员在乒乓球战术上提升自我，将制定的目的贯彻到实践中，从而将场上的竞赛主动权掌握在自己手中。

4. 稳定的情绪和控制能力

所谓情绪具体指的就是个体对于客观世界中各种事物以及事件的一种反应的形式，因而情绪和个人有一定的关系，它具有较强的主观性。人们的情绪是由于特定的外界条件而产生的特定心理活动。每个个体都有自己习惯的情绪控制方式。事实上，情绪控制能力强的个体能够较好地控制自己在不同环境中的情绪，不管个体在场上处于优势位置或劣势，大众很难从这些运动员的脸上看到任何的情绪波动。如果一个人没有很好地控制自己的情绪，那么他的各种动作以及行为等就会随着事态的发展而改变，比如在乒乓球比赛的分数上占据优势的时候，他会显得很兴奋、很骄傲，但是在乒乓球比赛的分数被拉开之后，他就会变得沮丧和焦虑。这样的心理素质并不利于乒乓球比赛的开展。竞技体育中运动员所表现出来的情绪会对比赛成绩产生影响。

总而言之，在乒乓球的运动中，运动员一定要能够合理地控制自身的情绪变化，以一种积极的心态来应对各种挑战，不要气馁，也不要太骄傲。这样他们才能够心平气和地参与乒乓球的比赛，并且较好地掌握乒乓球比赛的局面。[①]

（二）乒乓球运动心理训练的方法

1. 放松训练

对于运动员而言，当他们完成了一场十分激烈的乒乓球比赛后，这往往处于一种疲劳的状态中。这个时候运动员需要开展一定的放松训练，从而使自己的身体得到放松，并且使自己的心理也得到调整。这样运动员才能够不断地积蓄力量，以更好的状态迎接新的比赛。

在进行放松训练的时候，运动员都是处于一种类似于静止的状态，可以选择躺下放松或者坐在某个固定的地方进行放松训练。具体而言，首先，他会给自己一个提示，让个体开始逐步安静下来，接着是进行身体的放松，次序是个体的胳膊和腿部、个体的呼吸系统以及内脏等，让自己保持一种平静和轻松的感觉，这种状态需要维持一定时间，这样可以达到比较好的放松效果。总之，放松训练很重要，它能够帮助运动员很好地调整自身的状态，使运动员从一种高度紧张的状态过渡到放松的自然状态，从而更好地应对更多的比赛。

2. 情绪对比的心理训练

情绪对比训练主要就是指运动员在训练的过程中不断多次重复地回忆乒乓球比赛中出现的紧张情绪以及获得胜利后的情绪，从而鲜明地对比这两种不同的情绪，力求使运动员用积极正面的情绪来抵消其遇到的消极负面情绪。这就要求运动员具备较强的情绪掌控能力，能够很好地调整自身的情绪，从而使这种训练得到比较好的效果。

3. 增强竞赛信心训练

在开始乒乓球比赛之前，参与比赛的运动员可以充分地了解这场比赛的重要性及优势，从而增强自身的自信心，坚定自己可以在比赛中获得理想的成绩。要想激发学生的积极性，就必须要有足够的论证，并且要切合运动员的生活实际情况。通常情况下，人们对比赛开始前的各种小测试进行充足的研究，

---

① 骆寅. 现代乒乓球运动理论与实践的再剖析 [M]. 北京：原子能出版社，2018：118-120.

可以有效地改善运动员对比赛的自信水平。通过这样的形式可以让选手们清楚地认识到自身的真正实力以及长处,从而使他们更好地定位自己,增强运动员的信心。以这些为依据,再加上适当的辅助乒乓球训练,让他们在比赛之前可以拥有一个好的心态,对赛事的各种情况预估与实际情况相一致,以坚实的力量为依据进行竞赛策划与执行。①

---

① 程明. 高校乒乓球教学中的心理训练方法 [J]. 活力, 2019 (21).

第六章　高校田径教学理论与训练实践研究

随着时代的不断发展，田径教学已经成为十分重要的教学课程体系，高校田径教学是提高学生的身体素质，消除大学生亚健康问题的有效方法。本章主要论述了田径运动概述、高校田径教学的基本理论与方法探索、高校田径体能训练与营养补充、田径跳跃项目特征与教学训练、田径走跑类项目教学与训练等内容。

第一节　田径运动概述

一、田径运动的定义

"径赛""田赛"和"全能比赛"合称为田径运动。以时间计算成绩的竞走和跑的竞赛项目称为"径赛"；以高度和远度计算成绩的跳跃和投掷竞赛项目称为"田赛"；由部分径赛和田赛项目组成的竞赛项目称为"全能比赛"。

二、田径运动的特点

1. 田径运动是人类的基本活动形式

走路、跑步、跳跃和投掷等活动是大多数人生活中必不可少的活动形式，这些也是竞技体育的基础，是田径运动中的重要项目内容。

2. 田径运动的项目多，既具有个体性又具有广泛的群众性

田径运动项目种类繁多，包含多种不同的运动形式。此外，田径运动的形式也十分多样化，有的比赛项目是以团队为单位来开展的体育项目，不过大多数都是以个人为单位开展的体育项目。事实上，田径运动的开展范围十分广泛，它不仅在广大的人民群众中应用广泛，也是很多学校体育课中的重要教学

内容以及比赛项目。

3. 活动组织的复杂性

田径运动往往会包含很多个不同的运动项目，因而这就会造成大量的运动员参与田径运动项目。在这种情况下，就会出现很多田径类的组别分类，同时也需要很多专业的裁判人员来管理比赛。可见，田径运动的显著特征就是活动组织的复杂性。[1]

三、田径运动的价值

1. 教育价值

田径运动需要参与的运动员在有限的环境中，战胜各种障碍，勇敢地面对各种未知的挑战，充分地挖掘自己的潜力，不断取得新的突破。所以，田径运动可以使参与该运动的个体具有勇气和毅力，勇于拼搏，敢于接受未知挑战。

田径运动往往要求参与者遵守相应的比赛要求和准则，这些都是十分严格的要求。因而这样的要求可以培养个体学会遵守纪律，同时也能让个体学会对自己的行为负责。

2. 健身价值

田径运动具有较强的健身价值，这是因为田径运动中的运动项目很多，不同的运动项目可以有效地对个体的身体进行高效且有针对性的锻炼。例如，田径运动中的短跑项目能够帮助人们更好地摄取氧气，并且可以使个体的中枢神经系统处于一种比较兴奋的状态下。又如田径运动中的跳跃项目可以有效地增强运动者的爆发力。

3. 竞技价值

事实上，田径比赛是一种世界性的竞技体育赛事，其中田径体育比赛的奖牌数量很多，田径运动对各种体育赛事的影响也最大。我国的田径项目水平是我国体育综合实力的重要标志之一。因此我们可以说，田径运动是我国体育事业发展的重要组成部分。我国的体育运动员通过参与各种形式的田径赛事能够增强我国不同地区的交流以及国际的交流，从而使世界范围的更多人了解我国的体育综合实力，并且能够展示我国的体育精神面貌。[2]

---

[1] 崔世君，田磊，王铎霖，等. 大学体育与健康［M］. 北京：中国传媒大学出版社，2022：130-131.

[2] 杜和平，葛幸幸. 田径运动专项理论与实践［M］. 北京：中国科学技术出版社，2019：14-15.

四、田径运动的分类

（一）根据运动性质的田径运动分类

田径分类的目的是了解田径运动存在的基本形式。可按不同需求分类：依据田径运动的项目特征、竞赛场地（室内或室外），根据参与者的性别和年龄来划分，在这里，我们将田径运动分为实用田径运动和竞技田径运动。

（二）根据技术特点的田径运动分类

在国际上，田径运动被称为 Track and Field。Track 在英语中指的是小路、路径，而 Field 在英语中指的是田野、草地。所以人们很自然地把它翻译成田径运动。在田径场中心或场地附近进行比赛或练习的跳跃和投掷练习，称为"田赛项目"。在田径场上进行的比赛或练习的步行和跑步，一般被称为"竞赛项目"。

现在我们国家称跳跃和投掷比赛为"田赛"，它通过高度和距离计算性能；"竞赛"是步行和跑步的结果根据时间计算，两者统称为"田径"。

第二节　高校田径教学的基本理论与方法探索

一、高校田径教学的基本理论

（一）田径运动教学的任务

1. 提高身体素质

田径运动项目不仅可以体现运动员的身体各项体质水平，而且可以通过锻炼增强运动员自身的各项身体素质。田径运动的种类很多，其中有很多种田径运动都是不需要太多的运动设备就可以开展的，这样便于人们利用田径运动锻炼身体，从而提升自身的身体素质。

2. 掌握各项目的基本技术

由于课时相对比较短，而田径运动又包含了很多种不同的项目，因此，在田径课上教师需要选择专门的田径运动技术来授课，每个学生都要对田径运动的基础理论知识和专业技巧等都有所了解。在教学内容的选取上，要强调田径教学的核心，防止每种田径项目都学习，每种田径项目都不精通，从而造成教学效果不佳。我们对田径项目的各种操作进行研究与练习，以促进学生运动技巧的提升，从而加深学生对田径项目的理解，这样可以帮助学生更好地掌握田径理论知识和专业技巧。

3. 增强学生心理素质

学生在参与田径运动的过程中一定会遇到各种各样的困难，这个时候就会想方设法地克服这些困难，从而取得不错的田径项目成绩。这个过程就可以锻炼学生的心理，增强学生的心理素质，提升学生的问题解决能力，从而使学生具备更加强大的心理。当学生踏入社会的工作岗位之后，也能够更好地面对工作的压力。

4. 提高学生田径运动认识水平

田径运动是最基本的运动项目之一，学生可以通过田径运动教学活动，对田径运动的作用、价值、特征及相关知识及技能有充分认识，进而发展自身的认知能力。

5. 学习相关教学方法

在高校田径教学中，学生还需要掌握一定的教学方法，并且找到适合自己的田径学习方式，这样学生才可以游刃有余地开展田径学习工作，更好地完成教师布置的教学任务。

（二）田径运动教学的目标

田径运动教学的基本手段是进行走、跑、跳、投等多种身体练习；主要内容是健身性、竞技性及实用性练习项目；主要目标是提高人的运动、生活、生存能力，促进全面健康发展。田径运动教学的总目标是：熟练掌握并运用田径运动相关理论知识和方法技能，具备田径运动教学的基本能力，形成良好的心理素质，提高社会适应能力等。具体来说，其目标是：

（1）全面发展田径运动的基本运动能力和生存能力，提高自身的身体素质，达到一定运动水平。

（2）培养克服困难、坚持不懈的坚毅品质，团结协作的集体意识以及突破自我的创新能力。提高道德修养，培养自信心、荣誉感和社会适应能力，促进身心全面发展。

（3）熟练掌握田径课程各项目的基本理论知识和动作技术，具有一定水平的运动技能。[1]

---

[1] 鲁长春. 高校田径教学与训练实践研究［M］. 沈阳：沈阳出版社，2019：16-23.

二、高校田径教学的方法

（一）分层教学

不同的学生个体之间一定会存在较大的个体差异，因而在高校的田径教学中，教师可以尝试采用分层教学的方式对学生开展更加有针对性的教学，这样可以使每个学生都获得体育教师的及时指导，提升教学的效率。有些学生学习理论知识和运动技巧很快，而有一些学生学习理论知识和技巧就十分慢，这样体育教师采用相同的教学步骤和节奏开展教学就会出现一定的问题。这些学习能力强的学生会觉得学习的内容很简单，而这些学习能力相对比较差的学生则会觉得学习的内容有难度，学起来很吃力，这样就难以从整体上提升田径教学的质量。可见，分层教学应用于高校的田径教学十分有必要。从本质的层面进行分析，分层教学法其实就是要求高校的体育教师在教学中做到因材施教。其具体的操作步骤如下：在开始田径课之前，教师通过一定的方式对学生进行测评，从而进行分层，一般会把学生分为三个不同的层次，即初级层次、中级层次和高级层次。之后体育教师就需要根据不同层次学生的学习水平、能力等制定符合该层次水平的教学计划、目标以及内容等。这样的设计更加容易激发学生的学习兴趣。我们需要强调的是，这些分层并不是一成不变的，教师在实际的教学过程中需要灵活地调整分层的结果。

（二）多媒体教学

在实际的高校田径教学中，体育教师可以尝试地运用多媒体开展教学，这是因为多媒体教学形式和传统的教学模式有很大的差别。这种新颖的教学模式可以为学生呈现生动、直观的教学效果，这样更加容易吸引学生的注意力，也能够激发学生的田径学习兴趣。例如，高校开展的田径项目中，有一些项目比较复杂，这个时候体育教师就可以运用多媒体为学生播放这些田径动作的视频。这样学生就可以通过视频清晰地了解田径运动的动作等，同时学生也可以跟着视频资料同步进行训练，这样也能够增强学生的自信心。如果没有多媒体技术的辅助，教师只是通过语言的描述和身体示范向学生展示田径动作，这会受到很多现实因素的限制，这样学生就会形成多个知识盲点，不利于高校田径的开展。众所周知，多媒体技术优势十分突出，它可以把声音、图像以及文字等集中到一起，从而为学生呈现视觉盛宴。同时，多媒体具有暂停、视频资料回放等功能,这样学生就可以反复学习自己感兴趣或者自己没有理解透彻的内容,提升学习效率。

(三)游戏教学

高校田径教学与人们生活中常见的体育教学,如篮球教学等进行对比可以发现,高校开展的田径教学内容单调乏味,难以激发学生的学习积极性。因此,要提高田径教育的积极性,体育教师就必须在体育课程中引进一些田径相关的小游戏,从而增强体育锻炼的乐趣,使学生在田径游戏的过程中就可以掌握田径相关的知识和技能等。将游戏教学的方法运用于普通田径课程教学中,需要体育教育者对体育活动的材料进行合理选取。在选定了田径游戏有关的素材后,由老师来设计游戏的细则,教师要根据实际情况来设定细则。在敲定田径游戏的细则以后,教师就可以安排学生开展游戏活动,这些游戏可以应用到高校田径教学的很多环节,不同环节适用不同的游戏,因而体育教师需要认真准备。

(四)信息化教学

高校田径教学也可以运用信息化的教学手段对教学方式进行革新,从而提升高校田径教学的质量。在现代化的信息技术时代,高校的田径教师完全可以把这些先进的信息化手段应用于教学中,为学生带来不一样的田径学习体验。在具体的高校田径教学中,教师可以运用的信息化教学方式有很多,如运用微信公众平台开展田径教学活动或者运动短视频等流量比较大的平台开展田径教学活动,这样的形式很新颖,学生往往更加易于接受。除此之外,高校的田径教师还可以把大数据技术以及人工智能技术等运用到田径教学活动中,从而使田径教学变得越来越现代化。[1]

---

[1] 谭黔. 高校田径教学方法改革研究 [J]. 青少年体育, 2020 (5).

第三节　高校田径体能训练与营养补充

一、高校田径的体能训练

（一）高校田径体能训练存在的问题

1. 对体能的内涵没有正确的认识

在全世界范围内，其实有很多国家都十分重视培养和提升民众的身体素质，如俄罗斯等。因而在这种大的发展背景之下，我国的相关部门也开始越来越重视锻炼和提升学生的身体素质。虽然我国的相关部门也采取了一定的措施对学生开展体能训练，然而受限于多种现实的因素，我国很多高校的田径教师对体能的内涵都一知半解，这样他们开展的体能训练也只是一个形式，从而导致体能训练的效果不是很理想。

2. 对专项体能训练理解不够清晰和深入

目前我国高校田径教学出现的情况是，很多学生对体能训练不是很了解。在很多学生看来，专业的体育训练和普通的体育训练并没有太大的区别，二者开展的体能训练的方式以及目的都是相同的。这就出现了学生定位不清晰的问题。实际上二者之间肯定存在一定的差异。对于学生而言，当他们的运动能力达到一种相对平稳的状态时，他们的能力提升就会到达了瓶颈期。这个时候就需要教师对学生开展专项的体育训练，从而提升学生的专项能力。在高校的田径运动中，田径运动的体能训练相对比较灵活，而且这个体能训练也是遵循循序渐进的原则。

3. 对体能训练方式的创新意识较低，训练方法较为滞后

在高校田径教学中，很多高校的体育教师一直都是沿用传统的体能训练方法，这样就难以大幅度地提升体能训练的效果。纵观世界范围内的体育训练可以发现，很多国家都在积极地探索新颖的体能训练方式，而且探索了很多专业的体能训练方法，这些都值得我国高校田径教师学习和借鉴。然而受限于各种的现实因素，我国只有极少数的教师会在教学中尝试运用创新的体能训练方法，大多数教师还是按部就班使用单一的体育教学方式，这样就会严重地损害学生的体能训练积极性。高校中很多教授田径课程的教师之间并没有大量的沟

通和有效的交际，这样导致的后果就是高校的田径教师没有办法在现实的教学工作中开展更加有针对性的教师培训工作，这也不利于教师的专业化发展。

4. 学生身体素质大大下降，学校被迫降低训练强度

最近几年来，越来越多的大学毕业生步入社会。现代社会的竞争变得越来越激烈，因而很多大学生都面临着严峻的就业形势。在这种发展背景之下，无论是高校的教师还是学生的家长以及学生本人，他们都更愿意花费更多的时间在学习上。他们不愿意甚至也没有时间来开展体能训练，这样就会使大学生的身体素质日渐降低，不利于学生的健康发展。事实上，由于缺乏有效且持续的田径体能训练，很多大学生在从事田径项目的时候就极容易出现身体受伤的情况，这种情况是恶劣的，也是不可避免的。这也就启示高校的田径教师要对学生开展定期持续的体能训练，从而不断提升学生的身体素质，这样学生才能更加有效地参与田径运动项目，减少不必要的运动损伤。这样其实对学习也有一定的促进作用。[①]

（二）高校田径体能训练的价值

1. 有利于保持大学生运动员的身体健康

身体健康且强壮是高校运动员开展各种体育运动项目的基础条件。这也对高校的田径体能训练提出了一定的要求，即高校的田径体能训练一定要结合学生的实际情况进行设计，并且要提升训练的针对性，不同的学生要采用不同的训练策略，这样才可以大幅度地提升学生的体能水平。总之，大学生运动员长期稳定地开展高校的田径体能训练能够让大学生养成良好的训练习惯，同时提升大学生的身体素质，并且能够增强其自信心，从而使大学生能够以更加饱满的姿态参与各种田径比赛，更好地为学校争光。

2. 有利于提高大学生运动员的运动素质

运动素质对于运动员而言具有重要的意义，因而每个参与运动项目的运动员都需要不断地提升自身的运动素质。然而我们需要明确的是，运动素质的提升是一个十分漫长的过程，它需要运动员付出大量的努力，因而这也就意味着高校的田径教师在开展田径体能训练的时候需要组织和设计多种不同类型的田径训练项目，从而使运动员可以接触多种田径项目，了解不同种类田径项目的特点以及训练的要点，促使学生的运动素质得到较大的提升。此外，高校的田径教师还可以结合学生的特点和需求等为学生推荐一些具有较强趣味性的田径项目，这样学生会感觉很有趣，也会变得更加有信心，从而更加敢于挑战自

---

① 贾佳. 高校田径体能训练的优化与创新［J］. 新体育·运动与科技，2022（8）.

我、突破自我。这也为大学生参与各种专业的田径类比赛奠定了基础，使他们更加愿意接受未知的挑战。

3. 有利于延长大学生运动员的职业生涯

我们通过大量地分析那些已经退役的运动员的情况可以发现，很多田径运动员都十分热爱自己的职业，然而这些田径运动员的伤病十分严重，已经不足以支撑他们继续参与田径比赛，因而伤病也是很多职业运动员无法继续参与田径项目的重要因素之一。为了尽量地避免上述情况的发生，高校的田径教师很有必要对大学生运动员开展定期的田径体能训练，这样不仅可以增强大学生的身体素质，还能够增强大学生的适应能力，使他们能够更好地适应田径比赛中的高压状态，从而更好地调整自我，更好地赢得比赛。总之，高校开展田径体能训练能够使大学生运动员的田径职业生涯获得了一定的保障，从而促使大学生可以有比较长的职业生涯。①

（三）加强高校田径体能训练的对策

1. 加强心理素质的培养

田径运动中的体能训练往往有很大的强度，而且这些体能训练也会耗费学生大量的时间，这对中学生而言也是一项巨大的挑战。除此之外，还有很多田径的体能训练项目需要借助于机械设备来开展，从而帮助学生更好地形成稳定的肌肉记忆，这种形式的田径体能训练往往会让学生产生一定的抵触心理。因而高校的教师要正视这个问题，对学生的心理进行疏导，不断地增强学生的心理素质。

高校可以从如下几个方面做出努力：第一，在我们看来，大学应该为参与田径运动的大学生运动员设立专门的心理咨询室，让专家们对运动员的精神状况进行跟踪和分析，适时地与这些运动员沟通，使这些运动员根据实际情况调整自己的心态等，同时还可以对他们进行专项的心理辅导。从某种意义上可以减少他们的非正常情绪，从而使运动员的情绪变得更加稳定。第二，高校的管理者还可以充分地运用先进的互联网技术手段建立网络形式的咨询服务平台，从而为大学生运动员提供相应的网络咨询服务，这对于那些不愿意到学校咨询室进行咨询的大学生来说是十分友好的，为他们的情绪管理提供了一个有效的途径。

2. 改善体能训练的辅助条件

第一，要注意田径运动员的饮食安排，相关的人员需要制定有营养且科学

---

① 郑寅. 高校田径体能训练的实施与提升路径探讨［J］. 文体用品与科技，2023，1（1）.

的饮食搭配，并按照这个计划去做，努力使运动员得到营养保障，从而保证体育锻炼中的体能训练顺利进行。

第二，当田径体能训练完成之后，运动员还需要开展一定幅度的恢复训练，同时也要注意日常的饮食和休息，保证每个大学生运动员都有一个良好的状态投入身体体能的锻炼中。

第三，改进附属配套的田径运动设施。大学应根据体育教学的具体要求，在各个方面进行一定的投入，以保证学生可以在一个舒适、专业的环境中开展田径体能训练。

3. 让体能训练方法多样化

体能训练方法多样化具有很多积极的现实意义，它不仅可以使高校的田径体能训练变得丰富有趣，增强学生的学习积极性，同时还能够对高校的田径体能训练理念以及方式等进行创新，提升高校田径体能训练的效率和质量。事实上，我国有很多高校都有开展田径的体能训练，只不过这些体能训练的方法很单一，而且具有很强的机械性，使很多大学生运动员逐渐失去了对田径体能训练的热情。事实上，很多大学生运动员在训练中不仅感到身体十分疲惫，他们的精神状态也不是特别好，他们还需要承受一定的心理压力，因而我国高校的田径体能训练方法需要改革。可见高校田径体能训练方法的多样化具有重要的现实意义。例如，在基础的田径体能训练中，教师可以利用游戏互动训练的方式开展训练活动，教师可以把学生组织起来，引导他们在玩火车头接力这个游戏的过程中训练基本的体能动作，或者在玩背对背蛙跳这个游戏的过程中训练基本的体能动作，这样寓教于乐的方式能够受到学生的欢迎，学生也能够在一种游戏的心态中学习和掌握这些体能动作，达到比较好的训练效果。此外，我们还需要强调的是，高校田径体能训练是一个长期的过程，它很难在较短的时间中出现明显的训练效果，这就需要教师和学生都有足够的耐心，在训练的过程中遵循循序渐进的原则，逐步增强训练的强度，使训练效果更加持续。

除此之外，在高校田径体能训练中，教师一定要不断学习和充电，密切关注当下社会的发展趋势以及时代热点问题，并以此为基础来制定适合学生的田径体能训练方案。这样的方案更加具有针对性，符合时代的发展需求，也能够培养更多符合社会实际需求的田径人才。

4. 创新训练评价

高校田径体能训练评价在高校田径体能训练中占据重要的位置，通过这些训练评价，教师就可以快速地发现自身的教学问题，同时学生也能够通过这些评价了解自身的学习问题，不断地改进。由于我国传统的高校田径体能训练评价的模式存在一些弊端，我们有必要创新体能训练的评价方式，从而对大学生运动员进行更加客观、公正、科学的评价。第一，田径体能训练评价要具体，不能流于形式。第二，田径体能训练评价要结合每个运动员的实际情况，这样更加有针对性。第三，田径体能训练评价要全面，不仅需要评价运动员的训练情况，还需要对运动员的心理状态、态度等进行适当的评价。学生在这些创新评价的基础之上对自身的问题进行剖析，从而更好地调整自己的学习方式以及节奏等。[①]

二、高校田径训练的营养补充

（一）田径长跑项目的营养补充

第一，大量的糖类，提升糖原的储备数量。高校的田径运动员在参与体能训练之前可以输入一些高糖的食物。

第二，大量且足够的维生素。这些维生素的种类很多，不同的维生素发挥不同的作用，因而运动员需要补充大量多种类的维生素，不断地提升供能的水平。

第三，适当增加脂肪、蛋白质及磷脂。耐力运动消耗热能大，可适当地提高脂肪比例。血液氨基酸对维持血糖水平稳定有十分重要的作用。磷脂可改善血液循环功能。

（二）田径投掷类项目的营养补充

1. 能量需求

田径投掷类运动员在运动的过程中需要进行大幅度的动作，因而这也就意味着这些运动员需要大量的能量供给。然而我们需要明确的是，田径投掷类项目种类也很多，不同的运动项目对运动员的能量摄入要求也会存在一定的差异，同时不同的运动员个体之间也会存在较大的差异，因而高校田径投掷类的运动员在补充能量的时候就需要结合实际情况进行补充，并不存在一个统一的标准。

2. 营养补充特点

高校田径投掷类项目往往需要大学生运动员具有较强的能量，因而这些大学生在参与这些田径项目的时候就需要适时地加强自身的蛋白质补充。然而并不是说运动员摄入的蛋白质越多就越好，而是要适量。此外，这些运动员还需

---

① 洪潇，李益. 高校田径体能训练探析 [J]. 新体育·运动与科技，2023（1）.

要摄入一定数量的维生素以及矿物质等人体必需的营养物质，从而使营养物质变得更加均衡。在具体的田径运动实践中，一旦运动员的体内缺乏某种营养物质，那么运动员就会出现很多不良的症状，从而影响正常的发挥。总之，高校田径力量型项目要求运动员要摄入大量的富含钾钙钠的营养物质，并且要摄入一定数量的蔬菜和新鲜的水果等。①

第四节　田径跳跃项目特征与教学训练

一、田径跳跃项目的特征

（一）远度跳跃项目的特征

通常情况下，田径中的远度跳跃项目就包含了两种不同的类型，第一种是跳远，第二种是三级跳远。高校的田径教师在对学生的跳跃类项目进行训练的时候也需要充分地结合学生的个体素质以及成长规律等，这样才可以让每个学生都获得较大的成长空间，取得较为显著的成绩。在具体的训练过程中，学生需要开展多个不同层面的训练，如教师对学生开展力量训练，同时还需要对学生加强跳跃训练等，这是因为跳跃训练具有较强的专业性，因而教师需要采取不同的专项训练方式。

（二）高度跳跃项目的特征

高校田径运动中的高度跳跃项目一般包含如下两个不同的层面，第一种是人们十分熟悉的跳高，第二种是专业性更强的撑竿跳高。这两种田径运动项目的步骤以及要求都是一致的，那就是运动员需要通过助跑环节、起跳环节、腾空过杆环节以及落地环节来完成该运动项目。这个时候评判人员对运动员的水平进行判断的根本依据就是运动员跳完之后，那个横杆不能掉落，这样的跳高以及撑竿跳高才是有效的，才是有成绩的。通过上述分析可知，高校田径运动中的高度跳跃项目也需要运动员具备较强的爆发力，这样他们才能够更好地突破高度的限制，从而完成运动项目。事实上，高度跳跃项目也对运动员的身体

---

① 鲁长春. 高校田径教学与训练实践研究［M］. 沈阳：沈阳出版社，2019：68-72.

外形以及素质等提出了很高的要求，即运动员的身高尽量要比较高，同时他们的重心也要比较高，这样有利于他们顺利地跳过横杆。此外，运动员在参与比赛的过程中一定要掌握科学准确的起跳姿势，这会对高度跳跃项目的成绩产生很大的影响。

我们需要强调的是，高校田径类中的高度跳跃项目只有一种项目需要使用器材，那就是撑竿跳高，其他的运动项目不需要使用辅助的器材，这也是撑竿跳高名字的来源。在最初的时候，人们训练撑竿跳高使用竹竿，后来随着科学技术的发展以及应用，人们已经开始使用其他材质的撑竿。除此之外，在具体的比赛实践中，运动员往往可以根据自己的情况和需求等来提前准备自己的撑竿，这样选择的撑竿更加适合自己，同时也能够应对更多的可变性因素。

二、田径跳跃项目的教学训练

（一）田径跳跃项目的教学

1. 建立明确的训练目标

在开展田径跳跃项目的教学过程中，教师一定要制定明确的训练目标，这样训练才会更加有方向，才会更加高效，也更加能够找到大学生运动员的薄弱环节，从而突破这些问题，提升大学生的整体素质。通常情况下，训练目标包括两种不同的层次：第一种是整体训练目标，第二种是个体训练目标。具体分析而言，在设置整体训练目标的时候一定要充分地考虑学生的整体情况以及学校制定的宏观教学目标，从而在完成学校宏观教学目标的基础上提升学生的整体运动素养。在设置个体训练目标的时候一定要充分地考虑大学生运动员之间的个体差异，从而在认真地分析各个不同运动员心理素质、运动素质的基础上制定目标，这样的目标更加有针对性，也更加人性化，更加能够激发学生的训练热情，也能够让学生感受到教师对自身的关心。

2. 明确田径跳跃训练的技术关键

在高校的田径运动教学中，教师开展跳跃项目的教学其实主要就是对学生的速度以及弹跳力进行集中的训练，从而使学生更好地掌握跳跃项目的精髓。因而教师需要采用多样化的措施对学生开展速度训练以及弹跳力的训练。对于速度训练而言，教师可以采用加速助跑训练的方式来训练学生，也可以采用下坡助跑的方式来训练学生，这些训练方式多样，其效果和目的都是一致的，那就是提升学生的运动速度。

弹跳力训练也很关键，它主要就是指教师对大学生运动员的腰部和腿部的肌肉群进行训练，从而使运动员在运动的时候可以跳起来相对比较高的高度，同时具有一定的稳定性。这里我们需要明确，教师在对学生开展弹跳力训练的时候一定要做好安全保障措施，要保证运动员的安全，在此基础上运用快速助跑和起跳等来训练和提升弹跳力。

除此之外，我们需要强调的是，在田径跳跃项目中，运动员要想获得一定的高度和一定的远度，需要加快自身的速度，同时还需要掌握科学的起跳技巧，把二者结合起来才能够更好地获得理想的成绩，这也是训练的重要内容。

3. 组合训练与多媒体结合的科学化教学研究

在田径跳跃项目的教学中，教师需要采取一定的措施和手段等来培养和提升大学生运动员的弹跳力以及速度，这个时候就会开展很多专业化的训练。这些训练具有一定的难度，而且相对比较抽象，有一些理解能力相对比较弱的学生往往就会感到很吃力，这样就会极大地影响这部分学生的训练积极性。在这种情况下，高校的田径教师可以在教学的过程中使用多媒体教学方式，这种融视觉、听觉、触觉于一体的教学方式能够为学生提供更加直观和舒适的教学环境，从而让学生对弹跳力训练和速度训练保持一种热情。此外，通过多媒体教学，大学生运动员还可以反复多次地观看专业技术的解读和示范，从而扎实地掌握技术点。一旦学生在学习的过程中出现了知识的盲点，这些难题得不到有效的解决，就会严重地抑制大学生的学习热情，从而阻碍其训练的正常开展，降低训练的效率。[1]

（二）田径跳跃项目的训练

1. 撑竿跳高运动的训练

（1）撑竿跳高运动训练的内容

撑竿跳高要求运动员既要有高度的速度力量，又要有完善的技术、技巧以及跳跃的灵活度和勇气。由于撑竿跳高技术复杂、难度大，因此在整个训练过程中要控制好专项技术、身体素质、体操技能与心理素质训练的比重。

（2）撑竿跳高训练中应注意的问题

①身体训练应注意的问题

a. 撑竿跳高这项运动项目是一项对人体各方面素质和能力有较高要求的动作。运动员要想在比赛中有较为理想的成绩，就需要具备良好的综合素质。所以，在进行体育锻炼时，高校的田径教师不仅需要关注学生的锻炼方式和策略，也要明确每个田径运动员自身的擅长点和不足之处，注重发挥运动员的长

---

[1] 武禹彤，孙晓宇. 田径跳跃项目的特征以及教学措施研究［J］. 体育风尚，2021（6）.

处，并根据自己的实际状况对学生因材施教，对教学进行合理规划，要根据撑竿跳高这项运动的要求和特点等对学生进行训练，使学生能够掌握撑竿跳高的专业技巧，同时还要不断地提升学生的综合素质。除此之外，高校的田径教师还要引导学生学会在运动的过程中保护自己，毕竟撑竿跳高的高度很高，极易使运动员受伤，而且这种高度的损伤会非常严重。运动员要经常对出现的技术不正常发挥现象的成因进行剖析，并要对其进行改正，让他们能够在日常练习中多思考和调整，去赢得比赛。

b. 当运动员想要开展一项需要快速运动的体育项目时，就需要运动员的速度素质很高，这也是一项十分重要的能力。在撑竿跳高这些田径运动中就需要运动员必须具备较强的绝对速度，这样有助于运动员取得理想的成绩。因而在具体的训练实践中，就需要教师对学生的速度特别是学生的持竿助跑速度进行专项的训练。

c. 撑竿跳高自身的特性需要选手以最大的力量完成技术动作。因此，在撑竿跳高项目中大力发展肌群力量，对于提高撑竿跳高选手的竞技水平尤其是提高爆发力有着十分重要的意义。在练习中，选手不应局限自己，而是注重一般与专项相结合的练习，加强力量的开发，在运动时能够快速改变动作。在练习时，要注重动作的准确性以及速度，加速肌肉由被动拉伸向主动收缩的转化，适应专项力量训练的需要。

d. 撑竿跳高选手需有足够的知觉，能察觉到自己在杆上的动作变化，并且能够通过肌肉的知觉来判断过杆点的节奏。在训练过程中，要考虑到专项的特征，选择适合运动员肌肉训练的方法，增强他们身体的柔韧性和协调性，合理利用各种运动器械。将运动员的身体素质发挥到最大化，采用科学的训练方式促进运动员竞技水平的提高。

②技术训练应注意的问题

a. 撑竿跳高是一项集跳、跑、体操于一体的竞技项目，其需要运动员在训练时提高自身的助跑速度，完善跳跃技术，增加握杆高度，提高竞技水平，从而获得优异的比赛成绩。

b. 从小抓起。注意运动员技术动作的规范化训练，对他们普遍存在的技术问题要针对性地加以解决。特别是在初学阶段或准备阶段中，注意练习方法的合理性，分解练习所占的比重要大，但要适当地与相对完整的练习形式相交替。

c. 因为撑竿跳高有一定风险性，所以，运动员在学习和掌握专业技术的过程中，一定要强化自身的心理素质。如果教练员在训练过程中只关注技术动作而忽略心理训练，就会造成运动员的心理承受能力低；如果技术动作过于复杂，运动员就会产生畏惧心理，甚至有可能半途而废。因此，当运动员具备了一定的训练技巧且技术状态相对稳定时，可以通过对技术训练的环境、天气等因素进行调整，使其达到更高的水平。

d. 撑竿跳高技术复杂，动作惊险，在训练时应加强安全措施，训练前应当认真检查场地和器材设备，以便使运动员有安全感，避免不必要的事故发生。

2. 三级跳远运动的训练

（1）三级跳远运动训练的内容

三级跳远是典型的跑跳结合的项目，运动员必须具备较高的助跑速度、力量、弹跳力、协调性、灵敏性和柔韧性等素质。我们需要对运动员进行身体训练、技术训练、心理训练和康复训练等。

（2）三级跳远运动训练中应注意的问题

①身体训练应注意的问题

a. 在发展速度上，应根据运动员的具体特征，对其某一能力进行适当培养。在训练中应针对不同阶段的特点及运动员的身体状况安排训练计划，做到科学规划，防止训练过程中发生意外情况。

b. 在三级跳远运动员中，力量素质的影响十分显著。因为力量训练的负荷比较大，所以要考虑运动员的年龄、性别、训练水平等因素，在进行力量训练前，不能做太多且强度很大的训练，这样才能让运动员有足够的精力进行力量训练。

c. 用克服自身重量的跳跃练习发展弹跳力是最经济有效的手段。各种各样的跳跃练习应当在多年、全年训练中系统进行，不要过分集中，尤其是下肢跳跃练习不能太集中，要在运动员能有效地控制动作时安排跳跃练习。

d. 发展灵敏与协调素质能使运动员精确掌握动作和控制动作。训练中应采用多样化手段。青少年发展灵敏与协调素质尤为重要，可促进正确技术动作的掌握。

②技术训练应注意的问题

a. 运动员要在体力充沛和注意力集中时进行三级跳远的技术训练。技术训练与运动员的实际状况保持平衡，如果运动员本身的素质较差而技术要求又高，就会对运动员造成伤害，而技术要求太低又无法达到改善和提高的效果，所以必须结合运动员的特点和能力制定相应的训练计划。

b. 在对学生进行三级跳远的训练时，要避免一味地追求成绩，教练需要从整体上了解学生的身体和心理发育情况，长时间的高强度动作刺激会造成学生的身体、心理等方面损伤，因此，在三级跳远技术的训练中要谨慎使用。

c. 三级跳远运动员达到较高水平时，全面身体训练不可放松。要重视背肌力量的发展，专项训练要和技术训练密切结合，避免技术环节的脱节。加强培养运动员的心理素质，把心理素质训练贯穿在技术训练之中，增强运动员在比赛中的心理调节能力。

d. 三级跳远的技术特点是更加重视运动员横向速度的发挥与运用，因而在技术方面对运动员的要求较高，其应有较强的"扒地"能力。在培养过程中，要注意帮助运动员掌握技术要点，明确每个人的特长，做到技术动作与身体素质同步提高。另外，要切实安排好三级跳远技术训练的安全措施。[①]

第五节　田径走跑类项目教学与训练

一、田径走类项目教学与训练

在这里，我们主要讲述竞走的教学与训练。

（一）田径走类项目的教学

1. 建立完整的技术概念

在介绍竞走技术发展的历史、竞走技术的规律和技术特征时，教师需要把各个知识点的联系弄清楚，从而能够简洁、准确地传递给学生。为了获得更加直观的教学效果，教师可以在讲解的时候辅以一些图片或是播放一些比赛和训练视频，教师也可以亲自演示技术动作，从而让学生对竞走的技术动作和特点有更为全面、深刻的认识。在教学中，教师要确保学生能看懂、听懂，及时发现他们在学习上产生的问题，并给予帮助。

2. 学习和初步掌握竞走技术

（1）学习竞走中两臂和两肩的动作

首先练习直臂前后摆动动作，肩臂与身体均放松。在进行屈臂摆动时，要求摆臂动作要尽可能放松，且动作幅度要大，要强调两肩的扭转和两腿及髋部动作的协调性。

---

① 孙常礼. 田径跳跃项目训练方法［J］. 田径，2019（3）.

（2）竞走成套技术的练习

教师在传授技巧时要注意学生动作的规范性，及时调节学生的紧张心理，使其处于放松的状态，不能过于紧绷，防止动作变形，同时要有清晰的双支撑动作过程，防止空翻，在支撑腿前撑的时候把膝盖伸直。在初步掌握竞走技术的基础上，可视具体条件适当地增加学生的运动量，提高他们的速度，提高其能力。

（二）田径走类项目的训练

1. 摆臂训练

摆臂练习是为了培养和提高摆臂技术，准确把握竞走时的步频和步长，维持身体平衡。

（1）与腿部动作共同配合进行原地摆臂动作

双脚开立，脚间距为15~25 cm，支撑腿的一侧伸髋，手臂前摆，脚掌着地，摆动腿一侧屈膝屈髋，手臂后摆，前脚掌着地。

（2）原地摆臂

两足前后分开，重心置于前肢之上，半握拳，屈肘90°左右，以肩部为轴心，带动小臂做前后摆动，手臂不能超出身体中心线，也不能高过下巴，肘部的摆动略向外侧。

2. 骨盆动作训练

训练的目的让学生了解骨盆在竞走技术中的重要作用，并了解在竞走过程中正确的骨盆动作形态，让学生的身体动作更加自然协调，也可以训练学生的直线行走能力，使其获得较好的重心控制能力，可以控制自身的步幅。

（1）为形成准确的转髋技术，可进行原地转髋练习，双腿交叉行走，肋木支撑转髋等，提高髋关节的灵活性。

（2）双腿在行进时左右交叉分落在中线两侧。

二、田径跑类项目教学与训练

（一）田径跑类项目的教学

1. 短跑项目的技术教学

（1）明确概念，了解技术

教师应该有重点、有目的地对重点知识进行讲解，语言要准确，简明扼要，重点强调途中跑的技术要点。教师在进行示范练习时，要确保动作的准确性。

(2) 弯道跑技术

弯道跑时要注重身体的内倾,这一种内倾应该是整个身体的内倾,而不是只有上体内倾。为了形成对练习者更为准确的观察,教师应站在跑道外侧 3~5 m 处,这样才能全方位地观察练习者弯道跑的技术。

(3) 专门练习

经过专项跑步训练的练习者可以更细致地了解和掌握短跑动作,从而提高自身的技术水平。另外,练习对学生的身体素质也有很大的促进作用,因此应该把这些方法推广到体育教学中去。在掌握正确的动作以后,应该对学生进行特殊的直线跑训练,把专项训练和跑步的技巧相结合。

(4) 起跑及起跑后加速跑技术

根据练习者的水平,辅以不同的练习手段,比如采用推肩起跑;用长竹竿控制起跑后加速跑;拉胶皮带或"拉拖车"等抗阻力的起跑练习;按照步长标记跑的起跑练习等。

在掌握起跑和起跑后加速跑的技术要领后,应结合学生的训练特征对起步器的设置进行适当调整,使其更符合学生的需要。加强学生对信号的反应能力,使其能够在最短时间内做出反应。在教学的早期阶段,教师不能过早地开展有关比赛和计时跑,而是注重对练习者进行技术指导,通过灵活多样的练习方式激发练习者的锻炼热情,并随着时间的推移适当加大练习的强度。

2. 跨栏跑项目的技术教学

(1) 通常在短跑技术教学之后再进行跨栏跑训练。

(2) 在教学初期,教师的示范动作应该准确到位,把握教学重点,不宜分析过细。

(3) 栏间跑的内容应是跑完第一栏后。

(4) 以跨栏训练为主,通过专项训练和分解训练使学生有效地把握动作要领。

(5) 以学生已经掌握的跨栏技术为基础,有目的地开展陪跑练习。学生需要在起跑之后顺利跨过第一栏。

(二) 田径跑类项目的训练

1. 短跑项目的技术训练

随着时代的不断发展,人们对短跑训练有了更为深入的研究。在训练中,人们采用先进的科学理论和技术使短跑运动训练的监督手段、测评方法、恢复措施和反馈控制技术等更为科学和精细,使短跑技术趋于完善。

（1）阶段训练

①专项提高训练阶段

第一，任务及目标：确定好个人的主项；进行技术与专项能力训练，促进技术提高和完善。

第二，基本要求：根据个人特点，进行全程跑的技术与节奏的改进和发展；科学合理地选择专项训练的手段和内容，发展与专项密切相关的各项素质；适当地增加心理训练；严格监督运动员的训练和恢复过程。

②专项高级训练阶段

第一，任务及目标：加强抗干扰训练，提高抗干扰能力，培养良好的心理素质和稳定性；积极参加各项比赛，累积比赛经验，由此达到对本人竞技状态以及特点的掌握；主项成绩逐步向大纲规定的目标靠拢。

第二，基础条件：针对个体特征循序渐进地提高学生的技能水平；认真地对运动员参加比赛以及比赛时的状态进行分析，从而制定出科学合理的训练结构和内容，并适合个体的特征和需求，从而充分地发挥训练计划的作用；根据每个学生的特点、比赛任务、规模来制定相应的训练方法和内容。

第三，训练特征：强调专项化训练的特征，在训练过程中运动员的专项能力的发展与提高对其运动水平有很大的影响；在高水平的训练中，应注意加强训练强度与负荷的交替开发，以提高短跑运动水平为目的。不能给运动员制定压力过大的计划，防止其出现问题。

（2）技术训练

主要是采用以下几种方式进行短跑技术训练。

①脚掌着地做直腿跳跃动作，这样可以让踝关节完全伸开；

②由小步幅向跑姿过渡，由高抬腿型向跑姿过渡；

③两脚交替蹬地，快速完成前摆动作；

④在出发前及出发后采用带绳牵引的方法进行加速跑训练；

⑤把跨步变脚跳跃和原地摆动相结合完成摆动；

⑥完成全弯角、半弯角的技术培训；

⑦扶着肋木架完成单脚跑步的模拟训练；

⑧在跑道上画白线，然后进行快速或大范围跑步。

2. 接力跑项目的技术训练

（1）短距离接力跑的训练

在此训练过程中，最关键的就是传接棒和短跑训练两部分内容。而接力队员的稳定状态和与其他队员互相配合是该训练的基本前提条件。由于接力训练属于短跑训练，所以不要给运动员添加太多的负荷训练，倘若在训练期间，运动员必须跑多次 100 m，尽量用 4×100 m 接力训练方式来进行。其中加速跑可从接棒开始，而接传棒动作可以加在测试、行进间跑和加速跑的最后。

（2）接力队队员的训练

为了使跑的绝对速度得到显著提升，需要对接跑队员进行单个训练。大体上，其训练方式和短跑训练一样，不过需要加强起跑与弯道这两部分内容的训练。之所以进行持棒训练，是为了让运动员习惯持棒跑。通常情况下，是通过四种方式进行训练的，第一种是持棒慢跑；第二种是持棒加速跑；第三种是持棒行进间跑；第四种是持棒起跑。接传棒动作的训练可以在持棒跑的过程中完成，在比赛前，可以进行接传棒的训练，一定要及时修正标准线，特别是在起风的时候。[①]

[①] 鲁长春. 高校田径教学与训练实践研究［M］. 沈阳：沈阳出版社，2019：81-91.

第七章　高校健美操教学理论与训练实践研究

随着社会经济和人民生活水平的不断发展与提高,人们对健康和体质提升的需求也越来越高。作为一项能够锻炼身体、增强体质、提高形体美的运动项目,健美操已经成为广大学生热衷的体育运动,是高校体育课程的重要组成部分。然而,传统的健美操教学模式往往存在课堂理论和实践训练割裂的情况,学生在实际操作中难以将理论知识运用到实践中去,因而,需要根据具体的实践情况改变健美操教学方法,使其更符合当下需要。本章将简要叙述高校健美操教学理论与训练实践的相关知识。

第一节　健美操运动概述

一、健美操运动的概念

健美操运动作为一项新兴的体育运动项目,人们对它的认识理解各不相同,关于健美操的概念也说法不一。近几年来,国内部分健美操专家对其概念发表了自己的见解,有人认为,健美操主要是将舞蹈与体操结合起来,并配合流行的节奏音乐而进行的有氧运动;有人把它看作是一种新的体育运动,是将体操、舞蹈和音乐结合在一起,以健身为目的,通过身体运动和艺术创作实现锻炼者身体素质提高,身心愉悦目标的运动。

健美操属于有氧运动,在国外有"有氧体操"之称。它是指在足够的氧气供给条件下,通过有氧系统为机体供能的体育活动,其特征是在一定时间内持续低等强度到中等强度的有氧锻炼。健美操以发展身体协调性和柔韧性为主要目标,改善练习者的心肺功能,提高练习者的耐力,使其身体素质得到锻炼。健美操同时也是一项以健身健美为特征的运动,内容丰富且简单易学,供练习者选择的种类很多，且不受年龄、性别、器械、场地的限制，可以让人体的各个关节得到充分活动，塑造优美的体型，使练习者实现自己的运动目标。

通过健美操以上的特点，并结合专家的观点，可以把健美操定义为融体操、音乐、舞蹈、美于一体，通过徒手、手持轻器械和用专门器械的操作练习达到健身、健美和健心的一种新兴娱乐观赏型体育运动项目。健美操具有竞技性、健身性、娱乐性和观赏性的价值，是人们现代文明生活的重要组成部分。

二、健美操运动的分类

健美操运动按照目的和任务可分为健身性健美操和竞技性健美操两大类。

（一）健身性健美操

人们进行健美操的目的是提高身体素质，使自己更加健康。健身性健美操的乐曲相对平缓，能充分调动人的每块肌肉，使人不自觉地沉浸其中。健身性健美操的练习时间可长可短，练习的要求也因个体情况而异，严格遵循"健康、安全"的原则，防止出现运动损伤，以达到锻炼身体的目的。[①] 健身性健美操可以分为三种类型，以下将简要介绍这三种健美操：

1. 徒手健美操

徒手健美操包括传统意义上的一般健美操和为满足不同人群兴趣和需求的不同风格的健美操。一般健美操的主要练习目的是提高人体的心肺功能和有氧代谢能力。不同风格的健美操，如国内外流行的拳击健美操和搏击操的主要练习目的是增强肌肉的力量、弹性与身体的柔韧性，尤其是搏击操练习对腰腹有特殊的效果。拉丁健美操、街舞是以团体练习为主要形式的运动，运动形式多样，没有太多的规律性，既可以改善练习者的协调性，又可以锻炼练习者的心态，所以很受青少年的欢迎。瑜伽健身具有塑造形体的特殊功效，追求自然、平衡和协调，是以增强体质为重点的运动，通过意念集中、呼吸调整以及不同的体态动作对人体的各部分进行训练，使练习者能够提高对自身的控制能力，实现"联合整体"的目标，是最为安全有效的塑形训练方法，能有效实现练习者的目标。

2. 器械健美操

器械健美操是一种使用轻便器械，以力量训练为主要内容的有氧运动。力量训练的主要目标是提高练习者的肌力能力，预防肌肉老化，达到延缓老化、

---

① 石犇. 健美操与体育舞蹈的形体训练研究 [M]. 吉林出版集团股份有限公司，2020：31.

强身健体的作用。例如，踏板练习能够增加腿部的活动负荷，提高运动量，并且会降低对下肢各关节的冲击，使动作形式更为多样；橡皮筋操、哑铃操、健身球操等能使身体的每块肌肉都得到训练，对增强肌肉特别是上肢力量有很大的帮助。

特殊场地健美操因具备特殊的功效，所以在国外发展得很快，但在国内开展较少。如水中健美操可以减轻运动中地面对膝踝关节的冲击力，有效减少关节的负荷，并利用水的阻力提高练习效果，达到锻炼身体和减肥的目的，因此深受中老年人、康复病人和减肥者的喜爱。固定器械健美操，如跑步机、划船机等可以固定在某一处（地面或水中任何地方），练习者可以根据自己的需要进行练习，达到锻炼身体的目的。

（二）竞技性健美操

竞技健美操以传统健身舞蹈为基础，在音乐的伴奏下进行一系列复杂的高难度动作。竞技健美操以竞赛为主要目标，人数没有过多限制，包括男单、女单、男双、女双、男女混合、三人制和六人制等。竞技健美操在参加人数、场地以及完成整套动作的时限上有严格的规定，在动作的编排与完成、高难度动作的次数等方面也有较高要求。我国除了竞技性健美操和健身性健美操之外，也存在表演性健美操。表演性健美操以"表演"为主要目标，表演时长通常在二到五分钟之间。表演性健美操的音乐节拍可快可慢，并无过多限制。表演者可以利用花环、旗子等道具表演风格化的舞蹈动作，以达到烘托气氛、感染观众、增加表演效果的目的。因为表演性健美操的动作比健身性健美操的动作复杂多变，所以对参与者的身体素质要求较高，不仅要具备较好的协调性，还要有一定的表演意识和集体配合意识。

三、健美操运动的特点

（一）强烈的节奏感和韵律感

健美操是一种以节奏明快音乐为伴奏的运动，其能充分锻炼练习者的身体，使其素质提高。它最大的特色在于音乐节拍性强。健美操的基本韵律有：乐曲韵律（包括乐曲节拍）；动作韵律（包括力量、步长、步频等）；生理韵律（包括呼吸节律、心率节律等）；时间和空间韵律（空间韵律、时间韵律等）；颜色韵律（服装，照明等）。韵律感产生自音乐，是健美操运动中不可或缺的一部分。健美操的音乐主要来源于现代音乐如迪斯科、摇滚、爵士以及部分民族乐曲，通过音乐的高低、强弱、长短、快慢等节奏性变化使动作富有韵律感，使得运动更加具有时代性，同时还能烘托气氛，刺激人的情绪。

（二）广泛的群众性

健美操内容丰富，可以灵活调控运动量，多以徒手形式进行锻炼，对场地、环境、气候等条件的要求不高，不同年龄段、体质、阶层和技术水平的人都能根据运动负荷和难度以及爱好选择参加锻炼，各种人群都能找到适合自己的练习方式。比如，对中老年人而言，他们的身体无法承受节奏过于强烈的动作，所以要选用节奏感小、强度小的音乐进行锻炼，在锻炼的同时完成他们强身健体、娱乐身心的目标；如果是有活力的青少年，则可以选用一些节奏感强、难度大、动作复杂的竞技健美操来进行锻炼，从而达到增强身体素质、提高技术水平的目标。由于健美操能给人以激情和欢快的感觉，又能满足现代人追求健身和娱乐的需求，所以它在大众中很受欢迎，并且有很广泛的传播途径。

（三）健身的安全性

健美操在多个方面都充分考虑了由运动而产生的一系列刺激结果的可行性。它的运动负荷中等、运动强度处于中下水平、练习时间一般为 30~60 分钟，属于有氧负荷范围内，因此适合不同体质的人群进行锻炼。同时，人们在平坦的地面和节奏欢快的音乐中进行运动，十分安全，并极具锻炼效果。

（四）高度的艺术性

健美操既有舞蹈的节奏，又辅以音乐作为伴奏，同时还有体操的动作，它追求身体的高强度运动能力，运动员需完美完成动作，同时也是将体育运动与艺术相结合的体育运动，所以具有很高的艺术性。健美操是以力量为主要内容的徒手运动，其所展示的力是力度、力量、活力和弹力的结合。健美操在对人类健康和完美的追求中，把身体语言与审美相结合，从而成为一种具有高度观赏价值的体育运动，其主要体现在"健、力、美"的项目特征上。"健康、力量、美丽"是人类有史以来追求的身体状况的最高境界。在健美操运动中，不论是竞技健美操还是健身健美操、表演健美操，无处不体现着"健、力、美"的特征。它所形成的动作力量风格可充分表现出人体健康的风采、美的神韵和力的坚韧。

（五）持续的创新性

健美操对成套动作有着创新要求，不管是操作化动作、多度连接，还是队形变换、动力配合都要有创新点，如此才算得上是好的成套动作。因此，教练应根据运动员自身特点为其创作具有代表性的成套动作，否则运动员的健美操动作就会丧失生命，失去固有特点。健美操运动的创新性主要表现在完成动作的技术风格和质量、动作的组合形式、成套动作的编排、集体动作的配合、队形的变化、音乐的选配、健美操器械以及教学方法手段等不断推陈出新。健美操运动的不断创新是健美操长盛不衰的根基，难度高、套路新、节奏鲜明是健美操运动的发展趋势和方向。

四、健美操运动的功能

健美操运动是具有实用锻炼价值的运动项目，对人们身体、心理、社会适应等方面的作用显著，健美操的功能主要有以下几个方面。

（一）强身健体

强身健体的中心内涵就是通过运动来增强体质，提高练习者的身体素质。健美操建立在有氧运动的基础之上。有氧运动是改善心肺功能的一种有效方法，经常进行健美操锻炼可以让练习者的心肌增厚，血管弹性增强，心脏容量增大，心排血量增多，心脏跳动有力，从而改善心脏的功能，增加全身的供氧量。健美操运动可以增强呼吸肌肉的力量，增加肺的容量和吸氧量，在静止状态下，呼吸会变得更深，次数也会更少，实现在运动中吸氧量增加的目标，从而增强有氧代谢，增强练习者的耐力。坚持进行有氧运动，对预防心血管疾病、呼吸道疾病等具有一定的效果，同时也能帮助练习者塑造良好的形体。

经常参加健美操运动对人体各关节的灵活性和各器官的功能有很大的帮助作用。健美操运动可以使关节灵活，肌肉的力量增强、弹性提高，韧带、肌腱等结缔组织更富有弹性；关节面骨密质增厚，肌腱和韧带增粗，增强关节的稳固性；提高人的动作记忆能力和再现能力，提高神经系统的灵活性和均衡性；腰腹部和臀部的活动加强了胃肠蠕动，增强了消化能力，有利于营养的吸收和利用。

（二）提高身体素质

健身操在增强体质等方面具有积极的意义，其可以提高练习者的耐力、体力、速度、柔韧度等。在做有氧运动之前先完成一些热身运动,比如压腿、热身等,还有在运动中进行的各种伸展性动作都可以让肌肉达到充分伸展或收缩,从而提高肌肉、韧带和肌腱的柔韧度,使弹性增加。健美操是由上肢、下肢、躯干等部位共同完成的动作,在动作过程中需要身体各部分协调一致,配合完美,从而促进人体协调能力的提高。

(三) 塑造形体

塑造形体主要包括两个方面,即体态和体型。体态主要是指身体各部位所表现出来的外部形态;体型主要是指整个身体的形状,即整个身体从头到脚各部位之间的比例及各肌肉群曲线的大小。[1] 在形体塑造上,健美操对站姿、坐姿和走姿有较高的要求。比如处于站姿时,头部要竖直,眼睛直视前方,下巴略收,双肩下沉,挺胸收腹,挺直腰背。这可以使人们在平时的生活、工作中形成的脊柱弯曲、驼背含胸等不良形体得到改善,改变人体的不良习惯,帮助练习者塑造形体,并展示出更为优越的气质。健身性健美操在形体塑造方面,不仅能塑造肌肉,还能塑造身体的轮廓。健美操是通过增粗肌肉纤维、改变肌肉轮廓、增加肌肉容积而使人产生"力"的美感。另外,有氧运动还可以消除身体中的过剩脂肪,保持身体吸收和消耗处于平衡状态,有利于肌肉、骨骼、关节的匀称协调发展,使不良的体态得到改善。比如髋部健美操、腰腹部健美操等对人的形体塑造有很大的改善作用,能让身体更加匀称和健美。

(四) 调节身心

随着时代的发展和社会的进步,人们在享受科学技术所带来的舒适和便利的同时,社会竞争所带来的精神压力也随之加强。长期的精神压力不仅会引起各种心理疾病,而且还会因为这些精神压力而产生许多躯体疾病,如高血压、心脏病、癌症等。健美操的动作优美协调,可以实现对身体的全面锻炼,并且伴以较强的音乐伴奏。人们在健美操运动中可以有效缓解自身的心理压力,防止多种疾病的出现。通过放松优雅的健美操训练,人们既能获得心理上的享受,又可以实现身体素质的提高,消除心理紧张,充分享受健美操带给人们的快乐,让人拥有更加旺盛的精力和良好的状态去应对工作和生活。

(五) 医疗保健

健美操运动既是一种科学合理的健身方式,又是一种健康养生的形式。其

---

[1] 王鹏. 健美操运动的基本理论及其教学研究 [M]. 天津:天津科学技术出版社,2020:11.

对于人的身体健康和心理成长都有很好的推动作用。由于健美操内容丰富，且动作强度低、密度大、运动量灵活多变，所以对人们有很好的锻炼作用，哪怕是一些患者和老人也可以通过健美操获得安慰和帮助。如怀孕女性可做水中有氧锻炼，或在床上以卧姿的方式进行锻炼；下肢瘫痪患者可以在地面或椅子上做体操，这既可以预防下肢功能下降，又可以很好地锻炼上肢和躯干力量，使其获得一些帮助。只有掌握好运动量与幅度，才能使人们在进行健美操运动时既避免受伤，又实现促进身体健康的目标。

第二节　高校健美操教学的基本方法与创新

一、高校健美操教学的基本方法

健美操教学方法就是在教学过程中，教师为完成教学任务和提高教学质量而采取的手段。教学方法的选择要依照具体的情况来决定，必须满足教师和学生的需要。合理的健美操教学方法是教师完成教学任务，学生获得知识的有效途径。所以，教师在进行教学时要仔细选择教学方法。

（一）记忆法

记忆法是使学生尽快掌握学习内容、熟记动作而经常采用的教学方法。

1. 念动法

念动练习是指让学生有意识地、系统地在脑海中重复、再现已形成的动作表象，熟练和加深动作印象的记忆方法。

2. 观察模仿法

这是指分成组进行教学，一组做练习，一组观察练习并做模仿练习，以加深记忆，熟练动作。观察模仿练习有助于帮助学生建立和巩固正确动作的动力定型。

3. 简图强化法

教师在布置课后任务时让学生将所学的动作名称、动作做法用简单的图示表达出来。在绘制图示时，学生可以在大脑中重复、再现、模仿、分析动作的名称、步骤、顺序、要领等，这样可以强化学生的记忆，使其了解动作的形成和发展，从而对动作有更深的记忆。在体育教学中应用简图强化法，可以达到节约体能、提高教学质量的目标，学生在掌握成套技术的同时提高技术水平，对所有动作了然于心并能巧妙运用。

在使用记忆法时，要注意两方面的内容：①记忆方法通常是在学生对动作的熟悉程度达到一定程度后再进行记忆。所以在教学中不能给学生提出太多关于动作的要求，这样才能使他们的记忆保持连贯、完整。②在使用记忆法时，教师要让学生找出适合自己快速记忆动作的方法，从而帮助他们提高记忆速度。

（二）手势提示法

手势是身体语言的一种。在健美操教学中，教师经常运用各种手势指导学生完成练习。其特点是直观、简单、明了，有利于学生连贯完成动作。手势提示方法主要用于成套操和一段操的复习及巩固阶段。通过手势引导，提示学生按顺序、方向、要点完成动作，保证学生能将整套操连贯、完整地复制下来。在使用手势提示法的时候，要注意以下内容：首先，在健美操运动教学过程中，教师的手势要正确、清晰，做到心中有数，明白什么时候该做什么手势。其次，教师使用手势的时候要讲究时间和效果，也就是在上个动作还没有做完的时候，也即7~8拍时就应该及时地用手势来暗示下个动作的要点、方向，以便于学生正确做好动作，完成手势提示法的目标。最后，教师要了解学生的动作情况，指出学生容易出问题的动作，并且在学生运动时通过拍手、言语暗示等吸引学生的注意力，之后再进行手势暗示，使学生做出正确的动作。

（三）示范讲解法

一般来说，为提高示范讲解运用的效果，采用一边示范、一边讲解的方法效果最好。但根据实际情况，在运用时也有所不同。

1. 只示范、不讲解

如果学生有一定基础，动作又比较简单，可以只示范，提出要求，不必讲明。

2. 只讲解、不示范，或先讲解、后示范

如果为了培养学生的独立思考能力，加深对动作的理解，亦可只讲解、不示范，或先讲解、后示范。

3. 先演示，后说明

对于较为复杂的动作，需要先让学生对正确动作有一个形象的认识，之后才能进行解释。

4. 用慢动作演示和讲解

初学者在学习难度较大的动作时可以采取慢动作示范，边讲要求、边让学生练习的办法。

在使用示范讲解法的时候，要注意以下内容：第一，在使用只示范、不讲解的教学方式时，要使用背部示范而不是镜面示范，这样能让学生更清楚地了解动作变化，方便学生模仿。练习中的动作要比平时缓慢，这样才能更好地加深学生对动作的印象。第二，运用示范讲解法时，教师讲解的语言应简明、扼要、语言肯定、表达生动、比喻形象，这样才会引起学生学习的兴趣和积极性，启发学生的思考。① 第三，教师的演示要优雅、大气，富有感染力，充满激情，能够激发学生的学习积极性，使其自觉投入健美操的训练中，从而使学生的能力提高。

（四）激情法

激情法即是用直观的教学手段，激发学生学习情绪的一种方法。在健美操教学中常常采用以下两种方法：

1. 音乐激情法

在教学开始时，教师选择优美、动听的音乐让学生听，同时讲解音乐，引导学生欣赏音乐，了解音乐的风格，掌握音乐的节奏、速度和节拍，使学生理解音乐的特点，丰富音乐感受。

2. 健美激情法

教师应提高学生对健美操的兴趣程度，为其讲解和演示健美操的精彩之处，教师要为学生展示多种教学方法并了解学生喜爱的教学方式，从而更好地对学生展开教学。教师必须在教学中充满激情，以最饱满的态度面对学生。

运用激情法教学时，应注意以下两点：第一，音乐的选择应符合学生的年龄、心理特点及时代特征，真正激发学生情绪。第二，教师的示范要有感染力，表现出健美操的动作特点和音乐风格，用教师特有的表演魅力，激发学生的学习欲望和表现欲望。

（五）口令提示法

它主要是在健美操课中增加刺激性、提示性和警告性的指令，以帮助学生完成练习，活跃课堂气氛。常见的刺激性口令是"加油""用力"等；暗示性的口令有"右二、三、四"，"左、右、左"等；警告性的指令有"直臂"

---

① 李孟华. 高校健美操运动与教学研究［M］. 北京：北京工业大学出版社，2018：29.

"踢腿"以及其他一些动作。

在使用口令提示法时,教师要注意两个方面的问题:一是选用具有号召、激励性质的口令。只有教师的口令能激发学生的学习欲望,才能使学生充满学习信心,并且让自己的身心都沉浸在健美操的世界中。第二,口令要符合乐曲的节奏,不能过快或过慢。在健美操课中,教师的口令音量应适中,语调合适,及时发现学生情绪的转变,并且改变口令。

(六)串联教学法

这是一种与国际化健美操教学接轨的教学方法,即把所要教的内容分成若干串,每一串为四个八拍。教学方法是,先教第一个八拍动作,掌握后再教第二个八拍的动作,然后把第一、第二个八拍动作连起来反复练习。再教第三个八拍,掌握后教第四个八拍。第三、第四个八拍动作连起来反复练习。最后再把一至四个八拍串联起来反复练习,直到所有的教学内容串起来练习。采用串联式教学法时要注意三个问题:一是在课堂上确保学生的身体自始至终都是"动"的状态(双脚总是在移动),不然就会失去串联的意义。二是在采用串联教学方法时所选用的乐曲最好是连奏的,这样可以保证教学处于顺畅状态,也可以使练习者不断进行练习,从而获得很好的健身效果,实现强身健体的目标。三是教师在选择串联法进行教学时要根据练习者的运动水平,精心地做好每节课的准备工作,将每套动作进行组合,尽可能让每套动作的内容和类型有新颖的变化,这样才能激发练习者的学习兴趣,使其自觉投入练习中。

(七)协调教学法

此教学法是采用同一种下肢重复练习,配合不同的身体部位动作组合而成的练习方法。例如,两腿始终做屈伸的重复动作,可配以身体的左右移动、左右提肩、两肩绕环、左右臂绕环、两臂绕环、左右臂上下摆动、两臂同时摆动、两臂左右摆动等,在两腿屈伸时顺其自然完成练习。这种教学方法适合于健美操初学者,可以避免初学者因动作不协调造成手忙脚乱、不知所措而失去学习信心。在使用协调教学法时教师要了解学生的身体情况,并根据学生的情况进行针对性教学,比如某些学生的身体协调性强,那么就为其提供难度较大的动作,如果一些学生的协调性并不强,那么就应该为其提供难度系数并不高的动作,逐步过渡到难度系数较高的动作,使学生的协调性逐渐提高,并获得良好的教学效果。

二、高校健美操教学的创新

（一）多媒体技术在健美操教学中的创新

当今社会是信息时代，信息技术正在被广泛运用到我们生活的各个方面，在日常教学中也应将信息技术应用于健美操教学中，如果只有教师一个人激情澎湃地进行课堂教学，只会让教师感觉很累，学生也无法真情实感地投入学习中，所以，要在日常教学中融入现代信息技术。多媒体教学是最为常用的一种方式，它是以现代信息技术为主，主要用于课堂教学的新方式，它可以把抽象的知识转化为可看的视频，有助于增强学生的理解力，使学生对知识充满兴趣。

（二）教学与训练相结合的创新

很多教师在教学中总有一个坏习惯，那就是认为教学结束就是健美操整体的结束，在短短的上课时间里，学生基本不可能完全掌握健美操的所有动作并且熟练运用，同时健美操只是在课堂上进行练习导致学生认为健美操是只需要用课堂时间进行学习的课程，而忽略了健美操本身的健身意义，从而使得学生认为健美操只是作为一门课程，并不是他们强身健体的必要手段，忽视了健美操对学生身体的锻炼作用。

所以，在健美操的教学过程中，教师要将教学和训练有机结合起来，改革教学方式，把健美操的教学内容全部讲解完成，使学生对健美操的套路和有关的动作有初步的了解，之后教师可以对学生进行针对性训练，主要针对学生健美操中某个重难点过程进行练习，让学生能够熟练健美操动作，甚至形成一定的行为习惯。[1] 同时，教师也要给学生留一些课外练习的时间，因为学生在课堂上学到的东西很少，而且因为人类天生的遗忘曲线，如果他们课下不复习，那么课上学习的知识很快就会忘记，这样就无法完成教学的目标，导致教学效果下降，所以，教师要引导学生在课下主动复习，让学生自己抽出时间练习上节课所学的动作，同时也要把以前讲过的动作串联起来，这样在后面跟音乐做动作时就不会太吃力，可以有效提高健美操的教学效果，也可以使学生养成在课下锻炼身体的习惯。

在健美操教学过程中，教师也可以使用多媒体教学方法，学生动作的学习

---

[1] 黄波. 探讨健美操教学模式的创新 [J]. 当代体育科技，2019 (5).

主要是通过模仿教师的动作完成，但教师的精力十分有限，不可能一节课都做同样的动作，教师也无法承受如此大的压力，而许多学生的身体协调性不好，接受能力也比较差，由于教师的授课时间有限，所以无法学会新动作。这并不代表教师的动作就是万无一失的，其也可能动作不标准，以至于学生的动作更为不合格，这时教师可以利用多媒体，让学生在多媒体上观看教学录像，经过细致的教学演示之后，可以把视频放到多媒体上，学生可以自主查看不明白的部分，从而提升学生的健美操能力。并且在多媒体上观看视频，学生还可以根据自己的需求来进行视频播放，例如在一些快速动作时可以放慢速度播放，好让学生看得更清楚，并且在演示一些高难度动作时，教师和视频可以同时示范不同方向，让学生能够直观地看到不同方向的动作示范，方便学生的健美操学习。

（三）合作学习模式的创新

合作学习在教学阶段是一种很重要的教学模式，这一模式更多强调学生的协作学习能力。在教学过程中，教师需注重培养学生的团队精神；比如在课堂上，教师可以把学生自由地分为多个小组，然后以小组为单位进行健美操比赛，当然，教师如果想要增加游戏难度，也可以让学生表演一些在课上没有学过的健美操动作，教师可以在课堂上让学生根据自己的喜好来进行选择，让其明白团队合作的重要性，并且提高自身的能力。教师也可以在课堂上真正地掌握学生的学习情况，这样教师就可以从教学方法进行思考，从而真正地找到提升学生的学习效率的有效方法，为学生学习质量的提升真正提供有针对性的帮助。

第三节　高校健美操教学与训练一体化模式探索

一、高校健美操教学训练一体化模式概述

（一）高校健美操教学训练一体化模式主要内涵

健美操教学训练一体化模式的核心思想就是把健美操课程的理论内容和实践教学紧密结合起来，学生除了要学习有关的理论基础知识之外，还需要进行

实际操作，用理论知识解决实际问题，从而使自身掌握健美操的知识和技能。一体化的高校健美操教学训练模式既可以使学生对有氧运动的基本原理有更深的理解，又可以让教师在学生实践时进行适时指导，从而达到更好的教学训练效果，使健美操运动的教学质量得到极大提升。

（二）高校健美操教学训练一体化模式建立目的

目前，我国大学在人才培养过程中不仅需关注人才的数量，更要重视人才培养的质量，体育项目的目标是丰富学生的课余生活、提高学生的综合素质、强健学生的体魄，使其能应对将来社会上的困难。以往，我国高校在实施体育教学时，存在"教"与"学"相分离的现象，没能将教学与实践充分结合起来。通过建立健美操教学训练一体化的模式，能够进一步提高健美操的教学质量水平，进而让教学训练更加具有针对性，比如对于一些体能素质比较好的学生而言，需要重点培养其体育技能技巧，进一步增强体能素质，而对于一些身体素质相对较弱的学生需要根据实际情况降低训练强度，重点培养其对体育的兴趣爱好，起到丰富业余生活的作用即可，不能够按照同等标准来进行要求。

（三）高校健美操教学训练一体化模式实用价值

高校健美操教学训练一体化的教学模式应用于教学中可以更好地培养学生的综合素质。在当前时代要想满足全面素质人才的需求，就必须加强对综合素质人才的培养，综合素质的人才不但要具备较强的学习能力，而且还要具备良好的身体素质。将一体化训练模式应用于高校健美操训练中，可以促进大多数学生的整体素质，践行全面发展的教育思想。另外，在实施健美操教学训练一体化模式后，可以更好地将学生与运动员区别开来，这对我国高校健美操专业人才的培养具有一定的指导意义，能有效提高我国健美操人才培养的数量与质量。

（四）高校健美操教学训练一体化模式培养目标

大学作为国家教育事业的重要组成部分，其教育质量的高低直接关系到能否为社会输送高素质的人才。在以往的体育教学中，"教"与"学"相分离，不适合培养社会所需的全面发展人才。教学与训练一体化模式最大的特征是能根据不同学生的特点进行有针对性的培训，在训练中充分发挥每位学生的能力。通过教学训练一体化的方式，帮助学生培养对健美操的兴趣爱好，更好地丰富健美操教学的内涵，推动教学创新。任课教师需要针对学生的特性开展教学工作，因材施教，以学生特点为基础进行合理的教学训练，从而真正地促进教学训练一体化模式的落实。

二、高校健美操教学训练一体化模式存在的问题

(一) 教学经费紧张

高校健美操教训练一体化模式与传统的教学方式不同，它把教学与训练结合在一起，使其成为不可分割的整体，在保证教学效果的同时，确保训练也会有效果。但要实现这一目标并不容易，不仅需要教师的投入，还需要有教学设施和器材的支撑，但在现实生活中往往缺少与之相适应的教学设备，高校难以保证健美操教学的基础设施，且高校并不重视健美操教学，对其经费投入也不多。这主要是由于学校领导认为健美操教学不重要，对健美操运动的理解有一定偏差，另外，由于缺少专门的教学训练场地，学生很难体会到正规场合的紧迫感，有关的音乐舞蹈结构内容比较落后，学生很难真正投入健美操训练中。

(二) 训练时间有限

训练时间充足是学习健美操的保障，健美操学习有一定的难度和技巧，教学训练一体化模式的教学在短时间内难以取得效果，需要有足够的训练时间。但就目前而言，健美操教学时间欠缺的问题较为突出，高校在课时设置和分配上尚未重视健美操教学，很多时候是采用集体式教学的方法，并让学生利用业余时间学习，学生学习的知识点较为分散，学习的动作和技巧缺少巩固练习，学习的系统性不强，致使学生的健美操整体水平不高，长期处于基础薄、水平低的状态。[1]

(三) 专业教师缺乏

在普通高校开展健美操运动，离不开具备健美操运动技能的教师。在实践中，体育教师兼修健美操运动的现象比较常见，专职的健美操运动师资匮乏，教学与训练一体化模式的应用专业程度还不高，无法有效发挥其具体作用。究其原因，就是因为体育教师没有达到专业化层次，在教学过程中很难对教学训练一体化活动进行科学有效的指导，其只能对学生进行简单的健美操运动训练，不能适应目前高校课堂教学的需要，从而导致健美操教学质量持续下降。

---

[1] 赵媛. 高校健美操教学训练一体化模式探析 [J]. 当代体育科技, 2021 (28).

（四）实训效果不佳

当前，从教学成效上看，教学与训练一体化模式在实践中的运用还不够理想，仍有很大的发展空间。究其原因主要有三点：一是目前我国普通高校的健美操课缺少校内外的深度协作，教学资源不能实现有效共享；二是学校本位研究较为缺乏，健美操教学中很少使用教学训练一体化模式，且没有相应的制度规范与制约；三是课时与内容的衔接不到位，目前高校健美操课存在教学时间冲突，教学内容重叠等问题，且仍旧没有很好的解决方案。

三、高校健美操教学与训练一体化模式的推进策略

（一）提高健美操队伍的专业水平

高校应当善于挖掘对于健美操有兴趣和潜质的学生，通过学生会或者社团的方式创造多种健美操的学习团队，组织更多的学生参与其中，提高他们对健美操专业化的认识和学科素养，培养学生对健美操的广泛兴趣，并积极获取学生家长的支持和帮助，端正学习态度。组建的社团或者学生会作为学生学习健美操的有利场所，也方便学生在社团中结识很多志同道合的朋友，扩大健美操的人脉和交际圈，从而利于交流健美操学习的心得体会，加深对健美操了解和认识。教师应积极参与相关的社团组织，指导学生的动作技术，帮助学生有效管理社团组织，学生可以在课余时间参加社团活动，这就方便教师对学生进行管理，同时也可以让学生更好地利用自己的空闲时间，提高他们对健美操的学习兴趣，并规范他们的健美操动作，同时减轻他们的课业负担，让他们的精神得到放松。在教学与训练一体化模式的作用下，健美操团队的专业化程度得到明显提升，而学校也应该积极利用这一教学模式为社团提供所需的场地及物资。

（二）运用俱乐部形式来提升质量

部分对健美操运动感兴趣或潜力较大的学生，在完成健美操运动课程后，可加入校外社团继续深造。健美操俱乐部形式在一定程度上改变了传统的教学方式，能够结合学生的兴趣和技能特点对学生进行有针对性的教育，从而提高学生的能力水平。通过开展课堂教学与课外训练相结合的俱乐部教学模式，能够从学生的实际学习情况入手，安排骨干人员参与教学训练。对于参与健美操俱乐部的学生来说，需要缴纳一定的会员费，并积极参与教学，且会员费能够

缓解健美操代表队训练与参赛经费等方面的压力，并为学校健美操代表队提供后备支持。

（三）完善教学设施建设

健美操运动专业化的发展过程要积极协调教学与训练一体化教学模式，高校要从基本的物质资源条件出发，强化有关的教学资源与设备，为实施教学与训练一体化模式创造有利的物质基础。以前很多学校都出现教学器材不足、教学场地不够以及与体育专业共用一套设施的情况，这些都需要在以后得到改变。高校领导要重视健美操运动的作用，并且给健美操教学提供充足的场地，为其准备教学需要的音响、电脑、投影仪等训练物资，同时还要做好相关物资的维修工作，保证物资不会影响教学。同时，也要加强对教师队伍的培训，增加教师考核制度和教学监督力度，确保每位教师都能熟练掌握多媒体设备使用的基本操作，科学合理地设计教学课件，有条不紊地开展教学步骤，对学生同时进行健美操理论和实践教学，推进教学和训练一体化的教学模式，适应教学条件的新变化。[①] 高校还应当注意引进专业的技术人才，对相关的教学软件设备进行开发和利用，为师生创建先进的教学环境，提高教学质量。

（四）加大推广宣传的力度

在新课程改革的理念下，高校及相关部门应该充分关注健美操的发展，健美操对健全学生心智、提高学生的身体素质有着良好的促进作用，所以应加大对它的推广与宣传力度，改善目前教学训练一体化模式所存在的困难，为健美操教学提供必要的物资；并且还要招收专业化教师为学生传授健美操知识，构建高校健美操教学的基础，保证教学质量。在平时的健美操教学过程中，教师要注重将理论与实践相结合，使学生能够同时掌握这些知识。理论与实践同等重要，不能忽视任一方面。在教学过程中，教师应仔细观察学生的差异，发掘每个学生的优点与缺点，改善教学方法，充分发挥学生的主动性，通过多种教学方法提高课堂的趣味性，使学生对教学充满兴趣。与此同时，高校也要积极引入多媒体教学方法，利用多媒体教学不受时空制约的特点，把教学内容制作成录像，以便学生能够随时随地查阅，提高他们对健美操的兴趣程度。因此在教学中，教师应当善于观察学生在不同阶段的心理和表现，洞悉课程的重难点和学生的掌握情况，有针对性地加以指导。学校方面要加强对健美操的宣传力度，让更多的学生深层次地了解健美操，还可以整合多方资源，组织学生参加

---

① 李鹤．高校健美操教学与训练一体化模式探析［J］．当代体育科技，2020（15）.

健美操比赛，加强广大师生对健美操的关注和支持。

（五）扩大健美操人数

在平时的教学过程中，教师可以根据学生的技能水平将其分成不同的等级，选出水平高的学生组成业余训练队，为学校的健美操队伍提供人才，扩大学校的健美操人才数量。对学生而言，平时训练应以教练的要求为指导，积极提高自己的专项素质。业余运动队的学生除了要完成学院组织的演出和比赛外，还要在教练的带领下积极完成每天的训练任务，提高自身能力。教师也可以根据相关考核标准等向学生传授专业技能与技术，只有通过考核的学生才能担任俱乐部教学训练的资格。借助教学活动不仅可以培养学生的学习能力，同时也可以帮助学生更好地了解健美操项目，最大限度地提升学生的训练与运动技术水平。

第四节　高校竞技健美操中的体能训练

一、体能训练的主要内容

竞技体能训练以训练负荷为主，在进行竞技体能训练过程中，运动员所受到的外界刺激主要体现在身体的生理反应以及心理的承受力方面。教练在制订训练方案时，如果想获得理想的结果和目标，就需要认真考虑诸多因素对学生的影响，比如负荷量、负荷强度和练习密度等，只有这样才能使训练的结果和目的得以实现。运动员的竞技能力提升需要在科学的计划下进行，前期需要做好各种相关工作。最应该考虑的是负荷强度和负荷量，运动员表现出的心理和生理负荷。就是在训练时某个时间、某个动作训练量中完成的负荷强度。负荷量在训练中要奠定较高的训练水平和外部刺激总量的反应。在实际的训练中，可以根据不同因素来划分训练负荷。其中，对运动负荷的影响因子以体能负荷、专项技术需求、训练周期变动为最大。对于训练负荷而言，运动员自身能力是最为重要的影响因素。

健美操教学是体现现代训练理论和教练教学的艺术，能否解决科学安排运动负荷这一核心问题是影响运动员竞技能力的提高和良好竞技状态保持的根本问题。为了解决这些问题，应该科学地安排与设计运动负荷，明确各种负荷因素以及提出合理的训练实施方案。

二、高校竞技健美操体能训练方法

（一）柔韧训练

柔韧是指身体的肌肉、关节在最大程度活动时所具有的运动功能。在竞技健美操中，身体的柔韧度十分重要。在竞技健美操单人、双人和团体项目中，运动员必须具备较好的身体素质才能更好地完成规定动作。所以必须在日常训练中有计划、有针对性地对运动员的柔韧素质展开锻炼。从现有的研究结果来看，国内普通高校的竞技健美操运动员的柔韧性训练方法大致可以分为动力伸展、静态伸展和动静伸展结合三种。在这三种方法中，动静伸展结合的锻炼方法效果最好。就运动部位而言，肩部、下肢和躯干在运动中起着举足轻重的作用。其中，肩关节的柔韧训练主要是培养肩关节的柔韧性和伸展性；下肢柔韧性的训练要着重提高运动员身体前后肌群的伸展性和控制力；身体柔韧性的训练着重培养高水平蹬腿和跨步技术。

（二）力量训练

在竞技体操体能训练中，运动员的力量训练可以分为最大力量训练与快速力量（速度力量）训练等，其中速度力量训练是重点。

（1）最大力量训练：训练时教练员要紧紧围绕如何增加运动员肌肉的横断面积和改善运动员肌肉与肌内外协调能力这2个目标来选用训练方法。训练中，教练员应先指导运动员做增加肌肉横断面积的训练，然后再做提高肌内外协调能力的训练。可以采用等长训练、中等负荷训练、金字塔训练和健美训练等方式来提高肌肉横截面积。在训练中，教练应对运动员进行适当的负重（重量）训练，确定运动员能承载的最重重量，并进行多次重复训练。利用高强度短时刺激方法（强度方法）可以较好检测运动员的最大爆发力。该方法不仅能有效增加运动员的肌肉横断面，而且能有效避免运动员肌肉横断面肌肉明显增加（增粗）与体重增长，实现最大力量训练效果的最大化。[①]

（2）爆发力训练：教练可采用负重和无负荷练习两种方式来改善运动员的爆发力。在负重练习中，负荷量一般以运动员可负载最大力量的70%~85%为宜。教练应该在不影响运动员的速度的前提下对他们进行分组，并确定好训

---

① 宋波. 高校竞技健美操体能训练方法研究 [J]. 运动，2018 (16).

练组数，一般是4~6组，每组4~6次，每组间隔时间不能让运动员的中枢神经系统变得低沉，也不能对下一组的训练造成影响，间隔一般是2~-3分钟。双杠臂屈伸、体前屈举杠铃、单杠引体向上、负重提踵、负重蹲跳等都能起到锻炼负重的作用，可以有效提高训练效果，大大增强运动员的负重能力。不负重训练的强度一般以最大力量的30%~60%为宜。通常是一次做6组，每组重复5~10次。不负重训练既可以单人进行也可以多人进行，如俯卧撑、倒立爬行、立定跳远、连续团身跳、仰卧起坐等。训练过程中，教练若发现运动员动作速度下降，则立即让他们停止训练。在力量训练时，运动员应当以动力性练习为主，在保证动作规范的前提下尽快完成动作。这样肌肉才会被充分调动，收缩速度才能与竞技健美操专项技术特点相吻合，进而使肌肉力量朝着竞技健美操专项技术的方向发展。

（三）速度训练

在竞技健美操运动中，速度是完成整套动作的关键因素，其决定了运动员能否取得较为优异的成绩。只有拥有较好的速度素质，运动员才能在较短的时间里以较快的速度做出各种不同的动作。在训练中，不能只是简单地要求运动员提高做动作的速度，而是要让运动员能够熟练掌握并维持好技术。唯有如此，才能使速度训练获得较好的效果。在高校健美操教学中速度训练的方式主要有以下三种。（1）专门训练法：例如，增强运动员的下肢速度，可以要求他们做连续4个8拍的高踢腿；增强运动员的移动速度，可以要求他们做10 m距离折返跑，提高他们肢体的爆发力与控制力。（2）负重训练法：教练可以要求运动员进行四肢负重训练，经过一段时间的训练后，运动员的速度素质会显著提高。（3）加快音乐节奏法：教练先让运动员在较慢的音乐节奏下完成一套动作，待运动员动作熟练掌握后，加快音乐节奏，让他们完成规范动作。

（四）耐力训练

竞技体操是建立在有氧代谢的基础之上。在规定时间里运动员要以较快的速度完成一连串的技术动作，这就需要其具备较强的耐力素质。竞技健美操运动的耐力训练以肌肉耐力锻炼为主。肌肉耐力是指在静态条件下一定时间内维持在一定程度的肌肉张力（静力性力量耐力）或在一定的动力性训练中进行一定程度的肌肉收缩（动力性力量耐力）。教练在进行静态力量训练时，通常采用递增负荷法。这种训练方式不仅能使运动员最大爆发力得到充分发挥，而且还能增强其较弱肌肉群的爆发力，提高运动员的身体素质。此外，这种方法亦可使运动员在受伤后的康复期加速体能及技能的恢复。运动中的负荷要大于最大力量的30%，这样才可以起到良好的训练效果。训练时，教练员可以根据运动员的实际情况可以分3个级别进行训练：负荷强度在30%~50%之间的有氧力量耐力训练；负荷强度在50%~70%之间的次最大力量耐力训练；负荷强度>75%的最大力量耐力训练。运动员在进行以上力量耐力训练时，教练一般会要求他们达到最大次数训练。练习组数通常为3~5组，单个动作持续时间通常为10~30 s。当然，具体情况要根据运动员所能承受的最大负荷而定。

（五）协调性训练

竞技健美操运动员协调能力的特点是音乐的韵律和动作的协调性；动作与空间的协调性；协同收缩和松弛交替进行。普通高校竞技健美操协调能力的培养方式有：（1）音乐伴奏训练：教练可以选用与竞技健美操有关的乐曲，通过音乐的熏陶，让运动员在运动中感受到乐曲的旋律和韵律，增强其协调能力。（2）舞蹈组合练习：通过对各种舞蹈动作的练习，提高运动员在动作和空间上的协调发展能力，使其具备良好的协调素质。（3）节奏变化训练：教练员应给运动员多变的音乐节奏，让他们不同节奏中体验肌肉的收缩与放松，提高他们的肌肉收缩与放松协调性。训练时，教练员应鼓励运动员运动身上尽可能多的肌群，提高他们的身体素质。

三、体能训练在健美操教学过程中的作用

（一）力量训练在健美操教学过程中的作用

从客观上讲，只有通过长时间的力量训练，运动员的身体素质才能获得长远进步，从而很好地完成某些健美操运动的动作。在所有的体育运动中，力量训练都不可或缺，健美操运动也不例外。健美操运动不但需要运动员的柔韧性和协调能力较好，而且还要求运动员的力量素质较为优越，同时还必须要有较强的耐力可以完成健美操的训练和比赛，这是健美操运动持续训练的基础。核心力量的训练思想虽近些年来才被提出，但已广泛地运用于各个高校健美操运动训练之中，其相较于普通的训练方法有着如下特点：从宏观的角度来说，核心力量是由机体某一部分的肌肉群所表现出来的，该力量在运动过程中的主要作用在于稳定机体的盆骨以及脊柱，通过这种方式来保持机体重心的稳定性，从而起到传递上下肢力量的作用。[1] 核心力量训练是在不稳定的情况下刺激和

---

[1] 郭法. 体能训练在健美操教学中的应用研究 [J]. 当代体育科技, 2020 (7).

训练肌肉群的核心力量，提高人体的肌肉力量。因此，将力量训练运用到健美操教学中，可以极大提高运动员的核心力量，使其拥有较为优越的身体素质，从而完成许多高难度的动作。

（二）耐力训练在健美操教学过程中的作用

耐力对于竞技型的健美操运动员来说，是在进行竞技型运动比赛中能够稳定发挥实力的保障。目前大多数高校健美操教学中的耐力训练都是根据学生的需求及教学内容的要求来制定相应的训练方式及强度。在健美操运动的初始阶段，将基本动作的复合练习、间歇训练和一般性耐力训练等结合起来可以达到健美操运动训练的目标，能够极大培养运动员的耐力素质；在健美操运动教学中，耐力专项训练的进程与一般耐力训练有着很大不同，这是因为前者是在比赛之前进行的专门训练，所以在进行专项耐力训练时，通常都会按照竞赛组别的特征和需要来制订训练内容，并在确保训练效果和运动员的安全的前提下，合理安排各种强度的耐力训练，最大程度激发运动员的耐力素质。然而在现实训练中，很多运动员都会因为耐力训练方法单一而感到厌倦，或处于耐力训练的瓶颈期而无法突破，因此，在今后的耐力运动训练中，必须积极探索更多训练方法。

（三）柔韧性训练在健美操教学过程中的作用

对于竞技健美操运动来说，柔韧性是该动作项目的基础以及前提所在，同时也是决定健美操运动员水平一项重要因素。从客观的角度来说，柔韧性指的是机体关节一次性运动的幅度，肌肉群以及韧带的伸展能力。与其他竞技项目相比，柔韧性在健美操项目中具有至关重要的作用，其能够决定健美操各种动作的标准性以及整套动作的完整性。因此，健美操运动选手要想获得更好的锻炼效果，就必须提高自己的柔韧度，在进行柔韧性训练时需要让肌肉放松，这样才能保证在接下来的训练中肌肉和韧带不会有所损伤，保证运动员在训练中的安全。另外，健美操运动还需要运动员在完成相应的专项动作时具备美感，这表明运动员的动作应该是舒展大方的，能给人以美的享受，所以在竞技性健美操运动中，速度和肌肉的收缩训练非常有必要，其在比赛中发挥了很大作用。

（四）表现力训练在健美操教学过程中的作用

与其他竞技型的运动项目所不同的是，健美操是一项对美感要求很高的运动，从某些角度来说，健美操运动也是一种展示美和表现力的运动。经过大量的实践调查发现，在健美操竞技比赛过程中，运动员成绩的得分点在于运动员完成动作的美感，也就是整套动作的表现力。因此，也就说明健美操运动员表现力的水平对其进行比赛的成绩具有直接的影响，同时这也是健美操运动的独特魅力所在。表现力是指健美操运动员在音乐的伴奏下所做出的一系列有节奏感和美感的动作，能带给观众美的享受，它既可以反映运动员的心理状态，也可以反映运动员的内心情绪。从客观意义上讲，表现力并不是单纯指一组动作，还包括运动员在做健美操动作时所表现出来的面部表情。因此，在健美操教学中增加表现力训练对提高健美操成绩有很大帮助，能使健美操运动员在比赛中有良好表现。

第八章　高校武术教学理论与训练实践研究

武术是高校体育教学中必不可少的重要内容，是高校民族传统体育教学的重要组成部分。武术课程能够弘扬民族优秀传统文化，是中华民族体育精神与体育文化的重要载体，其内在精神与现代体育教学目标相符，有助于锻炼学生身心健康，提升学生民族自尊心与自信心。随着高校体育改革不断深化，武术教学理论与实践也应与时俱进，符合当下社会对武术人才的需要，所以需要进行武术教学与改革创新。本章将对高校武术教学理论与训练实践的相关内容展开叙述。

第一节　武术运动概述

一、武术运动的起源与发展

（一）武术运动的起源

武术的产生与人类社会的发展息息相关，它产生在生产活动的实践中。劳动始于工具的生产。早在旧石器时代，人类就已经发明并使用石锤、砍砸器、燧石尖嘴凿等粗制石器，并用石器打磨棍棒增强自身实力，逐渐掌握了兵器、搏斗和狩猎的技巧。它们虽只是原始的技能，但却是武术搏击技术的雏形，是日后武术的劈、砍、刺、扎等技法发展的基础。武术运动的历史与生产劳动的发展无法分离，只有将二者结合起来才能发现武术运动起源的真正内涵。

（二）武术运动的发展

商周时期因劳动分工产生了专门教育，武术在当时的教育中占有很重要的比重。之后武术逐渐发展成一种有目的、有组织、有意识的社交活动，其内涵不断丰富。秦汉三国时期，武术由纯粹的军事技术转向竞技性活动，产生了角斗、击剑、徒手等竞技运动以及剑舞、刀舞等舞蹈运动，丰富了当时人们的文化生活，为人们带去了享受。从那时起武术就分成了两大类别：第一类是实用且具有攻击性的技术动作；第二类是根据演出的要求而不断对攻防技巧进行加工、提炼形成的套路技术。经过各朝各代的不断发展，武术运动的各个流派内容不断丰富，并且又细化出了许多类别。

中华人民共和国成立后，武术运动迅速发展。1950年，中华全国体育总会召开武术工作座谈会，倡导发展武术运动。1953年在天津举行以武术为主要内容的全国民族形式体育表演及竞赛大会。1957年国家体委将武术列为体育竞赛项目，并组织整理出版了"简化太极拳"和一大批长拳类、器械类套路。这些套路成为在群众和学校中普及武术的基本教材，促进了技术规格的统一。中国武术协会于1958年在北京建立，同年第一部《武术竞赛规则》被草拟和制订出来，其中包括拳、刀、剑、枪、棍等五种比赛项目的规范套路，其有力推动了武术训练的制度化、科学化、规范化发展，促使我国武术朝着规范化的方向发展。1979年，国家体育总局下发《关于发掘整理武术遗产的通知》，这一文件的出台极大地推动了我国传统武术的传承和发展，促使更多人投身于传统武术的传承工作之中。1982年12月，第一届全国武术工作会议于北京举行，这使武术的攻防搏击技巧得以在竞赛中检验与发展。为满足"全民健身"的需要，1994年国家体育总局武技部颁布中国武术段位制，对武术理论的研究和推广起到了很大的推动作用。

最令人可喜的是，国务院学位办公室于1996年正式批准体育学院设立武术学科专业方向博士学位点。这标志着武术作为一门学科已迈入学术领域的研究殿堂，作为民族传统体育，它与体育运动训练专业、体育教育专业、运动人体科学专业以及社会体育专业并列为体育学科的五大专业门类。1997年经国家体委批准颁布实施"中国武术段位制"。可以相信，今后武术运动必将在继承传统的基础上进一步向科学化方向发展。

二、武术运动的特点及形式

（一）武术运动的特点

武术在中国的历史十分悠久，春秋战国时期被称为"技击"，而汉代到明末则一直被称为"武艺"，清代则是从《文选》的"偃闭武术"中选择使用

"武术"一词并传至今天。1949年以后,"武术"一词还在使用。习得武术之后,人们就有了自保能力,故而很受习武之人喜爱,它包括格斗运动和套路运动,在拳术、器械套路出现之后,武术竞赛规则也需要发展,其变成了民族传统体育项目,也被称为武术运动。武术运动是以摔、拿、打、击和踢等具有攻防内涵内容为基本材料,将内部意志活动和外部形体活动有机融合在一起的内外合一、形神兼备的锻炼方式;注重动静划分。武术运动在我国有着广泛的群众基础。

(二)武术运动的形式

1. 武术套路的形式

套路是中国武术与其他体育项目的不同之处。武术套路以攻防和攻击动作为基础,通过攻击动作的各种变化规则进行编排而形成成套训练。武术套路以技术为基础,但随着社会的不断发展和人们审美观念的不断提高,套路的动作也越来越多元化,至今已发展出了许多类别,主要包括拳击、对练、器械、集体操练等。①拳术。拳种主要有长拳、太极拳、戳脚、少林等。②器械主要有4类,包括短器械,如刀、剑等;长器械,如枪、棍等;双器械,如双刀、双剑双钩等;软器械,如九节鞭、流星锤等。③对练通常是不少于两人的练习形式,包括练习者徒手对练、器械对练以及徒手与器械混合对练3种形式。④在电视节目中人们经常可以看到的一种方式——集体操练,通常是6个人以上的集体表演,可以徒手也可以使用器械。①

2. 武术搏斗运动形式

武术的起源可以追溯到原始时代,那时的人类为了生存和狩猎而发展出一些劈、劈等动作的雏形,其中最能表现出竞技性特征的是武术搏斗形式。武术搏斗项目有散手、太极推手、短兵等。①散手比赛一般由两个人参加,按照一定的规则,用脚、摔、踢、打、拳等方式战胜对手。②太极推手是两个人按照一定的规律,通过捋、挤、采、按、靠、肘等方式结合在一起,根据两个人的身体接触来判断对手的力道,然后利用自己的肌肉力量将对手推出去,是武术中比较有特点的搏斗形式。③短兵。两个人各自拿着一把短武器,按照一定的规则,用劈、刺、点、砍等形式决定哪一方胜利。

---

① 毛浩德,乔玉磊.运动营养在武术运动中的作用探究[J].食品安全导刊,2022(26).

三、武术运动的价值

(一) 交流价值

武术能增强人与人之间的交流,是促进团结与友谊的重要手段。随着武术运动的不断推广,越来越多的人开始参与武术运动,而这些群众性的武术活动也更多的是"以武会友",进行武术各方面的交流,通过共同的习武爱好,进行武艺的切磋,在扩大交往的同时,也使各种思想得到了交流,从而增进人们之间的相互了解,改善人际关系,创造和谐文明的社会环境。随着武术走向世界和国际,中国的对外武术交流越来越频繁,很多外国武者慕名前来想要了解中国的武学。通过举办一些大型的武术竞技比赛、武术比武大会等能有效推动各国之间的贸易交流,从而带动当地的经济发展,为当地带来实惠。

(二) 经济价值

社会的发展离不开经济的支持,发展体育事业归根到底是为了发展经济。体育与经济之间存在着内在关联,即经济的发展离不开劳动者身体素质的支持,体育的发展也离不开充足的物质与经费保障。发展体育能为社会培养出更多的健康劳动者,而经济的发展则能为体育事业的发展提供物质和经费保障。与此同时,体育也是一项经济产业,它的发展对经济有直接的促进作用,能为社会创造新的经济增长点。这一特点决定了它具有独立的社会功能,是国家经济的重要组成部分。武术作为一种传统体育运动,其内涵在不断深化,对我国的影响和作用也在不断扩大。

(三) 构建和谐社会的价值

武术传统文化精华的挖掘和功能价值的开发会促进武术与整个社会的和谐发展。通过武术的育人价值培养出具有坚定意志的合格人才,从而为社会主义建设和中华民族伟大复兴贡献出力量。虽然有的民族创造了光辉灿烂的文明,但是常常连自己的家园与文化都保不住,就更谈不上延续文明了,所以民族应该自强不息。世界文明的竞争终究还是民族文化的竞争。西方具有先进的科学技术,这也是建立在鲜明的民族个性基础之上。中华民族如果想在世界发展中占据更高的地位,就必须做到自强不息、自强自立。武术练习不仅能预防疾病、强身健体,而且能形成坚忍不拔、锐意进取的精神,践行社会主义核心价值观,形成高尚的精神与情操,实现德智体全面发展,成为各方面和谐发展的优秀人才，从而为社会主义发展做出贡献。武术是中华民族精神的集中体现。诚信守义、厚德载物、自强不息、爱国保家、勤劳勇敢的价值正是武术所倡导的。因而，武术必将在和谐社会构建中发挥重大作用。

四、武术运动基本功的内容及特点

（一）武术运动基本功内容

1. 肩臂功

练习肩臂功能增强学生的肩关节柔韧性，从而保证在武术运动练习中，学生的肩关节韧带不受伤害；另外提高肩关节的灵活性能有效加强学生肩臂的力量，扩大肩臂的活动范围，从而使其掌握更多的武术动作，提高自身的武术水平。所以，学生如果没有进行足够的肩臂功练习，那么就会对武术动作的发挥造成很大影响，不仅使武术动作缺少标准化、整体性的特点，而且也使整个武术散打的训练无法达到理想效果。另外，在武术运动竞赛中肩臂功也是能获得较高分数的重要方法，所以必须在日常训练时加以注意。

2. 腰功

腰功的锻炼目的在于提高学生的腰部柔韧性，从而达到更好展现武术动作的效果。另外，腰部又是身体上下段之间的重要联系部位，所以提高腰部的柔韧性可以让身体各部位的联动更好，腰部活动范围更大，从而整个武术动作的效果更加连贯，带给观众以美的享受。如果学生不重视腰部基本功的训练工作，就会造成在武术练习过程中出现肢体不协调的情况，从而影响武术训练的效果。

3. 腿功

腿功是对学生的腿部四肢进行集中锻炼的方法，其目的在于提高学生的腿部柔韧性，让学生能够更好地掌握武术运动训练的动作。腿部动作是整个武术教学中最重要的一环，其直接关系到武术教学的整体效果，与学生的武术水平相关。腿部的灵活度决定了学生能否在竞赛中取胜，腿法基础不好则会导致成绩下降，不利于在比赛中获胜。另外，柔韧的腿部动作也可以提高武术的观赏性，让武术动作更具美感。

（二）武术运动基本功的特点

1. 单调性

武术运动基本功的教学内容相对单一，内容不够丰富，这也导致学生在长时间的练习过程中对其兴趣不高，难以获得良好的教学效果，且无法打下坚实的基础。学生对基础功夫的学习存在倦怠心理。一方面，武术基本功的大多数动作都是单一的动作组合而成，缺少连贯性，造成学生在练习过程中感觉枯燥无味，因而对其兴趣不高。另一方面，因为武术基本功缺少观赏性，所以很多人认为其不重要，这就造成学生容易忽略基础功，把重心转移到后续武术动作的练习，但往往无法获得很好的练习效果。

2. 长期性

因为武术基本功训练是在每次武术运动训练之前都要进行，所以它具有长期性。同时，所有的武术动作都以武术基本功为基础。但是，在实践中能够持之以恒练习武术基本功的学生并不多，大多数都感觉基本功并不需要每次都练习。基于此，教师应制定合理的教学计划，将武术基本功按照训练强度循序渐进地进行，避免学生产生厌倦、懒惰的心理，进而更好地提升学生的武术基本功能力。[①]

3. 系统性

武术动作是通过各个武动作的结合且在长时间的练习中逐步提高而形成，武术运动具备系统性。一般而言，任何一项运动想要运用到实践中，都需要长时间的系统全面训练。而武术基本功正是基于这种特性贯穿于整个武术运动训练工作之中，确保学生在系统的训练下可以获得扎实的基本功，这对其后续武术动作的完成有很大帮助作用。因此，在武术基本功教学中，教师应遵循阶段性和周期性的原则分步骤地对学生进行基本功的训练。

第二节　武术套路基本技术教学与训练

一、武术套路基本技术教学

（一）武术套路基本技术教学步骤

武术教学先从基本功开始，然后逐步过渡到套路练习，先从拳术练习开始，然后进行器械练习。在教学中要运用循序渐进的原则，使学生逐步掌握武

---

① 赵雪飞. 武术基本功在武术散打训练中的重要性 [J]. 体育风尚, 2021 (2).

术运动的技术。

1. 基本功练习

由于学生的基础身体状况、意志品质、技术基础等方面情形存在很大差别，所以基本套路的训练应体现根据学生的不同特点进行因材施教，并且教师应学会及时发现教学中的问题。在讲解、示范和慢速领做的过程中，把武术术语融入教学中，让学生对动作的运动方向和手型、步型的变化有基本的把握，在不断的实践中逐步掌握动作要领，从而使其更好地完成后续的武术动作。

2. 套路中的组合练习

武术套路是将各种不同动作按一定顺序排列组合在一起的练习，前一个动作的结束就是下一个动作的开始，因此在学生基本功提高的基础上，让其先组合练习套路中的部分动作，按顺序熟记动作名称，而教师边说名称边示范动作，同时学生一边念动作名称，一边练习动作；也可以采取教师和学生一起练习动作，教师说出第一个动作的名字，然后让学生在练习过程中边说边做第二个动作的手、脑、口并用的接力训练方式，其能有效增强学生的记忆力。在教师以较快速度演示一遍动作后恢复到正常的速度，并对动作进行分析和解释，让学生进行重复练习，使其能够更好地掌握动作，了解动作的变化。

3. 完整套路的练习

武术套路通常是由十几甚至几十个单势动作组合而成，动作繁复多变，对形态的要求也各不相同。例如，在太极拳的练习中，每个动作都以缓慢、轻柔、轻盈为主，每个动作在行云流水间完成，动作环环相扣、连绵不绝。而长拳的训练则需要有清晰的节奏感，出拳迅速、大气舒展。教师通过对每个动作进行剖析、讲解和演示，并与学生进行多次演练，使学生感受到武术的技巧，让学生在武术套路的练习中提高对武术的兴趣。

（二）武术套路基本技术教学方法

教学方法是教学的重要环节之一，因此，要快速掌握武术套路，提高学生的身体素质和教学质量，就必须重视教学方法。

1. 完整法与分解法

在武术训练中，不管是空手还是器械训练，其中的动作方向、路线、发力特征、架势结构等都相当烦琐，对于新手来说，要想将套路动作了然于心，就需要经过一系列的步骤层层深入，最后才能真正掌握全部动作。在这一过程中，学生应循序渐进，不能急功近利。武术的套路教学就是把一系列武术动作串联起来，使之成为一个有系统的整体。在武术套路教学进行的过程之中，教师采取的教学模式都是对武术动作进行讲解，然后通过示范的方式演示给学生观看，之后将单一的武术动作进行有效结合，从而为学生展开连贯的武术套路教学。[①] 完整教学法就是将训练内容从头至尾不间断地全部传授给学生。完整教学法能够使学生形成关于武术的整体观念，因此在武术教学中是一种经常使用的教学方法。完整教学法通常用于动作结构相对简单、难度较小或有一定基础的学生。然而，武术的动作内容丰富、形式多变，其包括起势、收势以及单势的每个动作。在教学过程中，可以针对动作的结构特征采取多种方式。

分解教学就是将一节课的学习内容进行适当的分段训练，从而使学生能更全面了解动作技能。分解教学能够帮助学生全面掌握动作，分解法则是帮助学生快速掌握动作，因此，应该在教学中将完整教学与分解教学相结合。对动作难度大，手法、步法变化复杂的单势动作，如旋风脚、侧空翻等可运用先分解后完整的教学方法；有些动作虽然难度不大，但方向变化较多的单势动作，也可用先分解后完整的教学方法；攻防含义较强的动作可进行攻防性分解。当学生理解动作含义后，再转入完整练习。

2. 直观示范法

直观示范法就是由教师亲自用具体动作作为例子，让学生对所学到的动作要领、技术结构、动作路线、动作方向、动作方法等有清晰的认识。在教学过程中，直观示范法能够构筑起学生对武术动作的形象理解，使其对动作的整体观念有全面的认识，所以，示范要按照套路的不同特征体现出独特风格，并且注意演示的部位、速度、方向，可以进行多角度的演示。在教学过程中，教师要根据各种拳种和器材的特点，以标准的速度演示一遍动作。示范法在武术套路基本训练中应用较多，且教学效果极佳。教师示范位置的选择应根据学生人数和队形决定，若教师对示范位置的选择或运动路线变化方向考虑不周，则会直接影响教学效果。教师在示范时还要注意示范面的选择，从单个动作来说，示范面可分正面、背面、侧面和镜面四种。示范的选择要根据教师的意图而决定。就套路示范来说，由于动作方向变换较多，所以在教学时一般采用背向，以使学生建立与教师相同方向的概念。

（三）武术套路基本技术练习方法

练习法是指在课堂教学中，学生通过重复练习法按照课堂任务和内容的要求有目的地练习从而掌握练习内容的方法。练习是对动作熟练掌握和改进的最有效途径，是任何体育教学都不能缺少的环节。

---

① 胡春龙. 浅谈武术套路的教学创新 [J]. 活力，2019（8）.

1. 先粗练，后细练

粗练就是在教学过程中让学生了解并掌握动作的方向、轨迹以及后续发展，对手型、步型的精度没有太高的要求，在对套路有了一定了解后，再进行细致练习，可以帮助学生更好地确定方向和路线，从而提升动作质量，达到更好的练习效果，步伐更加精确，体现出武术的风采。

2. 先集中，后分散

武术教学多采用集体练习，它不仅便于教师纠正学生的技术错误，而且有利于学生在相互比较中更快地掌握动作，在集中练习时，可采用领做或口令指挥方式进行练习。当学生初步掌握动作后，可进行分组练习。分组练习不仅能充分发挥小组作用，而且便于教师巡视指导。当学生熟练掌握动作后，要留出一部分时间让学生单独练习。这个方法能加深学生对动作的理解，提高学生对套路的熟练程度，也便于帮助学生不断改进技术。

3. 比赛性练习

套路运动是中国武术的特殊表达方式，它以不同动作来体现攻防一体的内涵，因此受到了广大群众的普遍欢迎。在学生掌握了某些动作或整套动作后，可进行分组竞赛。比赛既可以把学生对武术的热情激发出来，也可以通过学生互评、教师点评让学生发现自身动作存在的优点和缺点，让他们从被动的学习状态变成积极的学习状态，同时也能够培养学生善于思考的好习惯，从而让学生对学习产生浓厚的兴趣，更好地提升教学质量，完成教学目标。

二、武术套路基本技术训练

（一）武术套路基本技术训练的原则

1. 教练的主导与队员的自觉积极性相结合原则

教练在训练过程中扮演着重要角色。教练作为训练计划的执行者，需要调控训练过程。运动员是训练的主要对象，在教练的引导下充分发挥自身的主观能动性，运动员需树立明确的训练目标，在训练时需要端正严肃、积极努力，才能顺利完成训练工作。教练与运动员在训练中是相互依赖、互相促进的关系。教练作为向运动员传授知识和技能的人，不仅要为运动员制定符合他们特点的训练计划，还要在训练过程中充分激发运动员的积极性。没有教练的主导作用，运动员就不可能完成训练任务。队员是知识、技能的接受者，训练的结果最终要在队员的训练效果上体现出来。只有在训练中充分发挥队员的内因作用，才能更好地完成训练任务。队员缺乏自觉性和训练积极性，也就不能完成训练任务。因此，教练的主导作用和队员的自觉积极性是提高训练质量和完成训练任务的根本条件。

2. 统一要求与区别对待相结合原则

套路训练是以所有运动员为主体，在训练过程中按照所有运动员的平均水平确定训练的任务和目标，根据统一的标准选择和确定训练的方法、手段和运动负荷的安排。但是运动员之间也存在个性的不同，所以应选择不同的处理方法。由于运动员的年龄、性别、身体素质、技术水平和心理素质等因素存在不同，所以应在武术套路训练中采取因材施教的方法。具体体现为练习中的方法和手段的运用、技术指导的纠错方式方法、运动负荷的不同要求、武术拳种的不同风格特征等都要按照循序渐进的方法，根据学生的特点选择不同的方式。

3. 理论与实际相结合原则

在武术套路的训练过程中，要将理论知识对技能训练的引导作用充分发挥出来，同时在帮助学生掌握动作技能的过程中，也不能忘记让学生理解理论的深刻内涵，贯彻这一原则的过程要注重两个方面的问题：①对教材进行全面分析，仔细研究教材。合理安排训练时间，有利于理论与实践的互相促进。不仅能发挥理论教学的导向作用，而且还能使学生在技能训练过程中更好地掌握理论知识。②理论训练要注重与实践相结合；在技能训练中，要善于运用理论挖掘、剖析技术。以上几个训练原理互相联系、互相渗透，所以，在实际的武术套路训练工作中，必须根据实际情况选择合适的训练原则。

（二）武术套路基本技术训练的对策

1. 以基本功为基础，重视基本动作的练习

武术套路训练中最基本的一环是基本功，是对人体各个部位进行专项训练的关键，它不但对改善武术套路、攻防技术的训练有促进作用，而且对提高运动技术水平都有很大帮助，还能增强运动员的身体素质，使其内脏器官的运动能力提升。如果不重视基本功的训练，那么学生后续武术动作的发展都是无源之水，没有能够发展的基础。基本功一般概括为手型、手法、步型、步法、肩、臂、腰、腿以及跳跃、平衡、跌摔等内容。实践证明经常进行基本功的练习可以增强各个关节、韧带的柔韧性和灵活性，提高肌肉的控制能力和弹性，对于提高动作质量，减少伤害事故的发生有着重要的作用。

2. 强化攻防技击特点，突出不同拳种的风格

武术起源于军事训练，与古代的战争有着密切的联系，其技术特点十分明显。随着时间的推移，冷兵器逐渐淡出人们的视野，武术逐渐演变成一项民族体育运动，但是在技术上却没有失去攻守兼备的技击特征。套路运动是武术独

特的表达方式，很多动作在技术规范、要求程度、动作幅度上和技击原型有所不同，尤其是一些过渡衔接动作并不具有打击意义，但是从整体上来说，还是以踢、打、击、摔、刺为主。所以，在练习套路时一定要重视对单个动作的练习，通过演示和讲解让运动员了解动作的内部含义和动作路线，感受到不同动作的区别，从而加深自己的印象。

3. 开展游戏与竞赛活动

游戏比赛训练法可运用在热身环节、技术训练环节和体能训练中。游戏比赛主要在于调动学生的积极性以及提升学生的兴奋性，避免学生对训练产生枯燥感。[①] 心理学家研究表明，当有对手存在时，选手就会自然而然地表现出竞争欲望，这种欲望是与生俱来的渴望超越对手。正确培养运动员的竞争意识可以激发运动员的积极性，使其对武术运动充满兴趣。比赛是全体成员都喜欢参与的团体运动，不论年龄大小都极具吸引力。在比赛中，运动员具有较强的积极性和竞技性，有利于运动员发挥自身的潜力，使其超常发挥。所以，在武术教学过程中，要运用各种形式的竞技训练提高运动员的学习兴趣，使其渴望获得良好的比赛成绩。

4. 注重武术文化理论的培养

作为我国民族传统体育文化中的重要部分，武术形式多样、内容丰富、独具魅力，有着丰富的文化内涵。我们不能仅仅把武术看作是方法、技巧的集合，而是应该把它提升到武术文化的层面来看待。在武术训练过程中，应使运动员全面、系统地了解武术，切实体会到其深厚的内涵，并产生强烈的学习兴趣，从而激发自身的学习欲望；让运动员了解武术的发展理论和文化内涵，同时还要让学生树立文化自信，自觉承担继承优秀传统文化的重任。

（三）武术套路基本技术专项力量训练方法

1. 专项力量训练方法

武术套路运动员的专项力量训练是在准确把握技术动作相关的力量前提下，针对武术套路运动员身体不同部位肌肉的力量开展的训练，具体包括以下内容：（1）上肢爆发力训练。上肢力量对于武术套路运动员来说是不可缺少的素质，以武林器械技术运用为例，要通过双臂屈伸的方式增强武术套路运动员扎枪的力量，但因肌肉收缩时支撑点和用力方向的不同，所以必须通过合理的力量训练方法提高武术套路运动员的上肢爆发力。主要是通过平推、卧推、推铅球、哑铃舞花、拧转千斤棒等方法来提高武术运动员的上肢爆发力，同时

[①] 张磊，苏振国. 谈儿童武术套路训练特征与方法 [J]. 辽宁体育科技，2018（1）.

还可以锻炼到运动员的其他肌肉,比如肱三头肌、三角肌、胸大肌等,在武术套路的基本训练中使用较多。(2)腰腹力训练。武术套路的各种动作都需要用到腰腹部的力量,因此要通过腹肌、摆腿、踢腿等训练提高运动员的腰腹部力量,使身体更加柔韧。具体的训练方式是体侧提铃、仰卧起坐转体、抛实心球、弓身上拉、倒悬屈收上体、手持重物负重转体等,这些动作能很好地锻炼到运动员的腰腹部肌肉。(3)腿部力量的锻炼。武术套路的动作有难有易,但都对下肢的弹跳能力都有很高要求,比如南拳的云翻、旋风腿;长拳的侧空翻和旋身;太极拳中有腾空飞脚、摆莲腿等,因此必须提高武术套路运动员的下肢弹跳力。主要用力部位是髋关节、膝关节,发力肌肉是臀大肌、大腿屈肌、小腿三头肌等,以负重练习为主,比如足负重踢摆、负重足踵屈伸、负重蛙跳/团跳、负重深蹲/半蹲跳等训练方式提高腿部肌力;(4)全身爆发力训练。武术套路运动员的全身爆发力训练是一个连贯的整体训练,主要采用负重训练的方式,让武术套路运动员进行负重快速挺举/抓举、立卧撑挺身跳训练,增强武术套路运动员的胸大肌、肩带肌、股四头肌、小腿三头肌、腰腹肌;(5)拳术套路的力量锻炼。以负重力量训练为主,加强武术套路运动员的出拳、踢腿力度,提高他们的腾空高度,并将其身体条件与武术套路的动作特征相结合,对其进行反复整套动作的负重力量训练,使其动作强度和专项耐力得到更好提升。在运用器械套路进行力量练习时,可以适当增加器材的长度,通过超负荷力量的锻炼让武术套路选手能够完成动作组合,从而增强他们的力量和耐力,使其更充分地应对比赛。

2. 核心力量训练

以武术套路运动员的专项力量训练为前提,还要进行武术套路运动员的核心力量训练,考虑武术套路运动员的实际情况进行力量阶段性训练,具体包括以下内容:(1)要求武术套路运动员进行仰卧直静力保持、侧卧肘撑静力保持侧面并腿,并在俯卧身体姿态下进行手撑异侧肢伸展、手撑异侧肢伸展训练,在仰卧身体姿态下进行手支撑挺身提腿、举腿提臀等训练;(2)要求武术运动员以仰卧姿势进行举腿转体、单臂不平衡站立练习,在俯卧姿势下进行坐式控制腿躯干旋转训练、双腿旋转训练以及腿臂交叉两头起练习;(3)注意对武术套路选手力量与平衡的锻炼,借助瑞士球来锻炼运动员的平衡能力,通过坐姿、跪姿、仰卧式等多种姿势进行垫手支撑、单腿支撑、控制腿平衡等练习,然后逐步增加难度,如瑞士球贴壁坐起、俯卧屈身、双腿夹紧瑞士球上提或仰卧压球抬腿,提高运动员的平衡能力,使其能够从容做出各种动作。

从这一点可以看出,将专项力量训练与核心力量训练有机结合起来可以更好地改善武术套路运动员的身体素质。武术套路基本技术专项力量训练有以下优点：（1）改善武术套路运动员的核心力量。在进行专项力量训练和核心力量训练以后，武术套路运动员的肌肉体积会变大，神经控制能力也会变得更强，表现为以伸肌和屈肌力量为主的核心力量增加。显著改善了武术套路运动员躯干屈伸肌的快速伸展能力，并加强了躯干核心屈伸肌的最大力量；（2）增强武术运动员的核心爆发力。通过对武术套路运动员的专项力量、核心力量进行培养，可以显著提高其身体核心部位的屈伸肌最大速度肌力；（3）提高武术套路运动员的核心稳定性。针对武术套路运动员的专项力量训练和不稳定状态下的核心力量训练，能够明显改善运动员的本体感知能力，提高神经对肌肉的控制能力，增强核心区域的稳定性，实现力量的传递和链接。

第三节 高校武术教学与训练改革

一、高校武术教学与训练存在的问题

（一）高校武术教学内容不足

高校武术教学的目的是通过武术教学使学生初步了解武术的丰富内涵，让学生掌握武术这项技能的运动技巧和规律，从而使之建立完善的武术认知，并将武术作为一项终身锻炼项目，形成良好的体育锻炼习惯，促进高校大学生体质健康水平的提高。在高校武术教学过程中，一些学校的武术教师仍然沿用应试教育的教学理念，过分重视学生对武术套路的熟练掌握程度，而忽略对学生武德和尚武精神的培养，使武术教室变成传授技术的地方，武术教师只是武术套路的分解者，无法将武术的内涵传递给学生。武术套路本身内容复杂，如果教师在教学中不加以思考，只是机械教学，极易使学生产生厌倦心理。

（二）高校武术教学方法单一

现阶段，在部分高等院校当中，武术教学包括剑术和太极等相关的内容，武术的形式也越来越多，但是动作上却没有推陈出新，已经不能满足当下时代的发展实际需求。武术教学的教材比较陈旧、教学方法单一，这并不利于武术教学的持续开展。时代在快速向前发展，普通高校应该引进现代化的体育项目，将现代化内容和传统体育项目进行充分结合，推动传统的项目不断地进行

更新和创新，以此才能吸引越来越多的年轻群体进行学习。[①] 现代体育项目对于传统的武术教学会带来一定的影响，武术教学的方法比较单一，内容上缺乏创新。武术教学在开展的过程中，教师简单示范动作，学生进行机械模仿，这种教学模式比较传统和保守，不能充分调动学生的学习积极性。

长期以来，传统单一的武术教学方式在取得良好教学效果的同时，也造成了学生对武术学习缺乏兴趣。从总体上讲，教学内容对课堂教学效果有很大的影响，但教师的教学方式也会影响课堂教学的质量。长久以来，高校武术教师都持着因循守旧、不愿创新的心态进行教学，担心犯错会给自己带来负面影响，所以在教学方式上过分注重统一，认为按照以前的教学方法做就可以完成教学，导致教学方式十分单一，缺少教师自身的特点，在讲解、示范、练习、纠正和巩固的教学方式下，学生不断重复武术技术动作，只是单纯地记忆和复制，其并没有真正了解武术的内涵，因而导致高校武术教学效果不佳，无法激发学生对武术的兴趣。

（三）武术教学模式陈旧

一些大学的武术教学内容缺少系统性和层次性，造成大学武术课程只是一些武术套路的简单复制。在课程安排下或教师本身的理论知识就比较弱，所以在教学中很少解释武术套路中的攻防内涵，对于传统的武术精神和健身观念也讲解得不够多。在这样的环境下，学生因为接触武术的时间比较短，大部分都没有接受过系统的武术学习，身体的协调性、柔韧性和耐力都比较差，在进行一定的教学之后，学生就会感到畏惧，认为武术教学枯燥、乏味，导致武术套路教学不但不能达到理想的教学效果，反而会加重学生的逆反心理，从而影响教学的实效性。同时，学生对传统文化、思想、技击等方面的兴趣也较大，因此，在武术教学中要重视这一特点，将其应用于实践中吸引学生的兴趣。

（四）缺乏专业的武术训练方法

武术教学是一项系统性工程，不同的武术种类教学与训练方法也不尽相同，教师应针对不同的武术项目有针对地开展教学训练。例如，在武术训练中，部分学生在某一武术功法中取得了较好的效果，就会以为掌握了武术学习与训练的秘籍，在其他武术功法学习与训练时也采取相同的策略，但这往往只是起到适得其反的效果。如抢背是武术基本动作中的高难度动作，它对学生的腰力有很大要求，有些学生由于腰力不够，一上手就会受伤。再比如在竞技体

[①] 徐阳. 浅谈普通高校武术教学的现状及发展［J］. 今天，2021（21）.

育长拳比赛中，存在身体素质不过关、空高不够高、动作不连贯等比较严重的问题。所以，武术教学要遵循客观规律，以基本功为基础，逐步进行高难度动作的训练，并采用多样化的训练方式满足不同学生的需要，从而提高武术教学效果。

（五）注重实践教学，忽略理论教学

现阶段，普通高校在进行武术教学的过程中，通常都是教师先进行动作的示范，然后学生在下面进行模仿。大多数教师在教学的过程中比较注重实践，但这一过程中却忽略了武术理论的教学，使学生不了解武术教学的内涵，只是对动作进行简单的模仿，导致学生并不了解实际的应用，无法充分在教学中调动学生的学习兴趣。武术公共课考核的方式比较单一，在考核的过程中比较注重动作的质量和演练的水平，忽略了学生学习阶段的进步。

二、高校武术教学与训练改革的有效措施

（一）以增强体质为目标，不断创新教学的理念

在普通高校武术教学开展的过程中，教师应该对教学理念进行创新，以培养学生的体质为教学目标，使学生在武术教学当中可以占据一席之地。普通高校在开展相关教学工作的过程当中，要了解学生的实际情况，发挥学生的特长，打破传统的教学观念，充分调动学生的学习积极性和主动性，在课堂中增设一些有关于武术相关的教学内容。教师在开展教学工作的过程当中，可以将武术方面的教学内容和健身内容充分地结合在一起，增强学生的身体素质。课堂教学在开展的过程当中，应该营造更加融洽的学习氛围，充分激发学生的学习兴趣，为学生营造良好的发展空间。在教学当中通过内容进行优化和调整，可以进一步激发学生的学习欲望，鼓励学生在学习的过程当中和教师进行沟通和交流。教师要了解每一位学生的学习心理情况，从而了解学生的学习特点，学会和学生做朋友，拉近彼此之间的距离。除此之外，教师在开展相关工作的过程当中，也需要积极引进现代化的信息技术，将武术教学的理论知识和现代化的信息技术进行充分的融合，强化武术教学的学习效果。

（二）融入传统，理论与实践相结合

在高校武术教学中，教师应做到理论与实践相结合。也就是说，武术教学活动的开展应从两方面着手，合理安排课程，科学调整武术理论教学和实践教

学比例。高校武术理论类教学是指在教授某一武术招式时,应向学生介绍这一武术类型的起源、其所传递的武术精神等。为学生传递这类武术理论知识,让学生能够深刻理解武术中所蕴含的民族情怀以及其所表达出的精神。武术的学习并不只是浮于表面的招式练习,而是通过学习武术,能激励学生提高个人修养,努力拼搏,汲取武术文化精华,成为一个有价值的人。[1]

另外,在高校武术教学中渗透传统武术内容。当前,由于受到西方文化的冲击,高校武术教学尚没有形成系统的教学方法。中华武术具有自身的特色,结合现代教育的需要,可以将其纳入体育教学中。因此,高校可以通过访问各大武术家族的后代,将优秀的武术爱好者介绍给学生,并邀请他们到学校担任武术教学的导师,从而使武术教学更加有针对性,提高学生对武术的兴趣。学生在学习传统武术理论知识的同时获得更多认识,了解到武术的发展流派,从而丰富自身文化内涵。

(三)壮大武术教师团队,设立武术兴趣小组

高校武术教学质量离不开教师的作用。为了保障高校武术教学效益,必须加强对教师的培训,壮大武术教师团队。不仅要提高武术教师的专业素质,还应让教师根据实际情况创新教学方法,积极应对武术教学过程中所面临的挑战,以此激发自身潜能,提升武术教师的教学水平。教师应不断丰富自己的武术知识,做到与时俱进,学习新型的教学模式,加强交流与沟通,从而为学生带来高质量的武术教学体验课。武术教育是我国高校体育教学的重要组成部分,它的教学目标也应是终身学习。仅仅局限于课堂上的学习时间是远远不够的,这要求学生真的对武术感兴趣,并且持之以恒地继续学习,这样才能实现武术训练的目标。为此,可以通过教师指导学生建立武术兴趣团体的方法来解决这些问题。在对学生的武术基础、武术学习态度、武术学习兴趣等方面进行全面评价后,将学生分成不同的组别,同时设计适合于团体学习的武术教学系统。教师可以按照不同的小组来制定教学目标,并且根据教学目标对教学内容进行创新,指导学生相互帮助,让他们在武术技能方面主动交流、分享,这样才能保证高校武术教学质量。以兴趣团体的形式进行教学,可以充分发挥学生的自主学习能力,使其对武术学习充满信心,从而使学生打下坚实的武术基础。

---

[1] 梁雪珍.浅议高校武术教学与训练的改革与创新[J].吉林广播电视大学学报,2019(3).

(四)采用多样化的教学方法

为提升高校武术教学的有效性,教师应转变陈旧的教学模式,改变单一的教学和训练方法,采用多样化的教学手段,以此培养学生的武术兴趣、吸引学生的注意力,使其能自主安排时间开展武术训练,从而提高学生的武术水平。

首先,在课堂教学中教师可以采取情境教学法;情境教学法就是在教学中给学生创造恰当的情境,通过营造适当的气氛把学生带进特定情境中,让他们全神贯注,对即将进行的课程产生浓厚的兴趣。这一方法不仅可以应用于文化知识的传授中,也可以应用在武术教学中。其次,教师也可以使用启发式教学方法。启发式教学法是指教师把教学重心放在指导学生的自主探究方面,而不是把全部的知识、技能都硬塞给学生。在课堂教学中运用启发式教学可以发散学生的思维,提高其学习积极性。以此为前提,师生之间要多沟通,教师了解学生的性格特点,并能根据学生的学习情况及时给予帮助。

第四节 武术运动损伤产生的原因与防治对策

一、武术运动中出现损伤的部位

武术运动的训练总会伴随损伤,其主要包括大小腿损伤、腰部损伤、膝盖损伤、踝关节损伤等,因为武术是一项对抗性很强的运动,所以当人受伤后,如果不及时治疗很容易会对身体造成持续性的伤害。冬季是运动员最易受伤的季节,由于运动范围受到限制,在有限的运动区间内往往容易发生各种各样的问题,很容易对运动员的身体造成损伤。运动员在训练过程中应格外注意容易发生损伤的部位,并做好预防措施:

(一)大小腿损伤

大小腿拉伤包括大腿和小腿肌肉群拉伤,大小腿上的肌肉包括肌腱和肌腹构成的骨骼肌,猛烈收缩的肌肉会超过抗张极限,可能会拉伤肌肉,没有经过准备活动就大幅度旋转、踢腿、劈叉会造成大小腿后侧肌肉群的拉伤。

(二)腰部损伤

腰部是上半身脊柱的一部分,其生理构造比较复杂,在练习的过程中腰部需要进行各种程度的扭转和屈伸,如果动作太大则会使腰部承受过大的压力,容易造成腰部软组织和韧带损伤,出现各种各样的疾病,不利于运动员后续训练的开展。腰部扭伤主要表现为腰部胀痛、酸痛。急性扭伤属于急性腰扭伤,这是由于动作不当造成,一般会出现关节弹响、关节肿痛等急性组织撕裂损伤。但这一损伤可以通过下腰等准备活动唤醒身体机能和肌肉韧带而避免,所以要做好准备活动,并且在训练中进行适当的负荷分配,这样才能最大限度降低腰关节的磨损和肌纤维的牵扯力。例如,腰部在空中旋转 720°的动作,需要运动员快速落地接叉,人体在空中横向旋转,落地需要腰腿力量控制身体,瞬时力量集中在腰腹,压迫腰椎,从而损伤腰部,这种慢性损伤会让运动员出现疼痛等症状。

(三)膝盖损伤

膝关节损伤很容易引起膝关节血肿。膝关节作为一个重要的负重关节,依靠肌肉、肌腱、韧带、关节囊保持稳定性,如果在坚硬的地面上进行震动或者跳跃动作很容易对膝关节造成伤害。若是没有及时治疗,就会使关节的弓步、屈伸、腾空等动作受到影响,还会引起膝关节活动的疼痛,不利于人体健康。

(四)踝关节损伤

因为在武术练习中,跳跃、勾脚会加重踝关节的应力,所以当负荷超过踝关节的负荷时就会造成踝关节的损伤,比如武术中的、旋风腿腾空落地等动作,也可能是因为地面不平、受力不均匀等因素使踝关节受到巨大压力,引起踝关节韧带、肌肉的受力不均衡,造成踝关节扭伤。比如,在武术旋转落地的练习中踝关节可以在转体过程中起到一定的刹车作用,但这个过程中则极有可能造成踝关节的损伤,所以在练习中要做好充分的准备工作,为以后的武术训练打下良好的基础。

二、武术运动员运动损伤的原因

(一)运动员的防护意识不强

高校武术运动由于缺乏对运动损伤的有效教育和宣传,故而有些运动员的防护意识比较差,在运动训练过程中经常会出现损伤没有恢复就开始训练的情况,导致新伤和旧伤积累,从而造成永久性的损伤。

（二）不合理的动作编排

在高校武术运动中，不合理的动作编排会造成运动员的身体伤害，一些武术动作的改变与用力与人体的形态结构不符，而有些动作则是超过了生理限度的承受能力，如反关节的用力极不合理，将跳跃、旋转、负荷动作安排在后半段，而运动员在前面的运动中已经消耗了太多的体力，如果在后半程再进行复杂动作就会对自己的关节造成很大伤害，极容易出现危险事故。运动员在进行武术运动训练时，必须要有正确的技术引导，不能盲目编排动作，在保证身体安全性的前提下，确保动作具有美观性。同时动作之间的衔接应该协调，如果动作之间的转变十分生硬，则容易使运动员的肌肉拉伤，造成身体受伤。

（三）缺乏符合要求的训练场地

高校武术运动对符合要求的训练场地需求，武术运动的竞技性对训练环境和训练场地有严格的要求。如果训练场地缺乏柔性、弹性、缓冲功能，就容易导致运动员做落地动作时各关节和部位容易出现损伤，同时会影响运动员的骨骼生长发育，从而影响运动员在比赛中的成绩发挥。

（四）运动员的专项素质不强

在高校武术运动中，如果运动员的专项素质较差则会使其在训练中受到伤害，主要表现为速度、力量、灵活性、柔韧性等专项素质不足，因为运动员的专项素质达不到标准，则很难将动作做标准，容易做出一些违背运动生物力学和人体形态结构的错误动作，造成运动员的身体受到伤害。而且运动员无法时时刻刻保证自己的注意力总处于集中阶段，如果运动员的情绪起伏过大，也很容易造成损伤。

三、武术运动损伤的防治对策

（一）提高运动员自我保护意识

运动员自身的安全防范意识十分重要，如果本人都不重视个人的身体，那么无论别人怎么做，怎么说都不会起到太大作用。运动员应时时刻刻关注自身身体条件的变化并及时做出反应。同时教练应有意识地加强培养运动员的防范意识，使其重视自己的身体健康，保障自己在武术运动训练时不会受到损伤。

（二）提高训练场地的质量

武术运动对场地要求不大，但是如果训练场地科学，则更能减少运动中的损伤，防止运动员出现各种意外。武术运动的场地应具备一定的柔韧性、弹性和防滑性。选择平坦的地面进行练习，器械类选手之间的距离要远，能够保证运动员的身体安全。教练还应做好场地的定期检查工作，及时发现场地存在的潜在问题并及时解决。防止因场地老化，设施不安全而给运动员带来损伤，保障运动员在武术训练中的安全。

（三）充分重视训练前的热身准备

在进行各种运动之前应做好热身准备活动，使运动员的身体处于活动状态，帮助其更快适应高强度的练习活动，增强身体的柔韧性，提高关节的活动度。武术运动的热身活动包括很多，比如伸展、慢跑等，这些都可以起到很好的锻炼作用，为正式运动打下良好的基础。热身运动的幅度不用过大，只要能放松身体，使身体处于运动状态即可。在做热身活动时，运动员要保证自己处于活跃的状态，充分调动起自身的每块肌肉，重视热身的作用，防止在训练和比赛中发生身体损伤，并且根据季节的不同调整热身动作，冬季人体消耗更大，更需要多做热身运动，这样才能充分调动起身体的活力。运动员在做热身运动时要保证自己精力充沛，专心致志，不能三心二意。

（四）制定科学的培训方案

科学的培训方案可以保证运动员在武术运动训练中不受伤，因而教练应根据每位运动员不同的身体情况制定不同的训练计划。在制定科学的训练方案之前需要先对运动员的身体状况、体能水平等进行检查，确定他们的身体状况，之后根据检查结果了解运动员的优势和不足，从而为其制定有针对性的计划。科学的培训方法最重要的就是独特性，即每位运动员的训练计划是不同的，不能盲目追求训练结果而忽视运动员的身体状况；也可以根据武术运动项目的不同制定训练计划。不同的武术比赛项目和规则对运动员的身体素质、技术水平和心理素质有不同的要求。[1] 这时就需要根据运动员的选择为其提供科学的培训计划。运动员在比赛和练习中受到的很多损伤都可以避免，在平时的训练中多加注意，了解自己的身体极限所在，按照训练计划的安排展开练习，从而保证自己能够用良好的身体素质进行武术运动训练。

---

[1] 马涵月. 高校武术运动员运动损伤的原因及预防对策［J］. 冰雪体育创新研究，2023（13）.

（五）确保训练动作的标准化

武术运动的动作很多，且形式多变，运动员需要长期的时间才能将动作记熟，反复训练才能掌握各种动作。武术运动的动作各不相同，这就需要运动员根据自己的身体情况选择自己能够做到的动作，不能过于夸大，造成自己身体受伤。在练习过程中，教练应时时刻刻关注运动员的情况，查看其动作是否标准，如果有不标准的地方指正出来。武术动作的不标准不仅无法使运动员获得优异的成绩，还会对运动员的身体造成伤害。运动员自身也应多关注动作的标准化问题，及时发现并改正错误，防止自己的身体受到损伤。

（六）重视恢复运动疲劳

武术运动的训练量很大，运动员很容易积攒疲劳、压力过大，往往在很长一段时间内都要保持身体的高度紧张。但是这种情况很容易对运动员的身体造成损伤，不利于运动员继续进行武术练习。在每次练习结束后，运动员都应合理安排时间，选择合适的方法为自己制定充足时间的恢复计划，使自己的身体能在高度紧张的状态恢复过来，从而为之后的训练奠定基础。运动员缓解肌肉酸痛的方式有很多，可以按照喜好自主选择，保证自己能以充足的精力应对下一次练习，练习之间必须有休息间隔，否则会给身体造成很大负担。

（七）加强预防与治疗工作

在武术训练中，总会存在各种因素导致运动员受伤，这时就需要教练和医生能为运动员提供专业的治疗工作。高校应加强医务治疗能力，招收更多具有专业素质的医务人员，并为学生提供有针对性的指导，同时建立健全医务设施，力争在第一时间做好救援工作。同时组织学生定期进行身体检查，及时发现学生潜在的身体问题，防止恶化。医务治疗工作在武术运动的发展中起着至关重要的作用，其能有效保障运动员的安全，保障运动员在练习和比赛中的身体安全。教练应了解每位运动员的身体情况，并且根据每个人不同的状况提供差异化的训练计划，在康复期提供运动量较小的计划，身体情况良好时则提供正常的训练计划，如此才能使学生的身体一直保证健康。

参考文献

[1] 白敬锋. 篮球运动传播［M］. 北京：旅游教育出版社，2019.
[2] 蔡春娣. 高校足球运动教学与系统训练研究［M］. 北京：北京工业大学出版社，2019.
[3] 陈小莲，张晓龙. 将创造性思维运用于大学体育教学和训练的方法与路径研究［J］. 开封教育学院学报，2018（2）.
[4] 程明. 高校乒乓球教学中的心理训练方法［J］. 活力，2019（21）.
[5] 崔世君，田磊，王铎霖，徐建伟. 大学体育与健康［M］. 北京：中国传媒大学出版社，2022.
[6] 杜和平，葛幸幸. 田径运动专项理论与实践［M］. 北京：中国科学技术出版社，2019.
[7] 杜志锋，郭娜，姜雪，周辉. 体育与健康［M］. 北京：北京理工大学出版社，2019.
[8] 范勇. 篮球训练中进行篮球战术训练的策略试析［J］. 文体用品与科技，2022（3）.
[9] 冯涛. 足球教学设计与训练实践研究［M］. 长春：吉林大学出版社，2018.
[10] 冯伟. 大学体育选项教程［M］. 苏州：苏州大学出版社，2020.
[11] 高洪杰. 高校体育训练创新的意义、原则和策略研究［J］. 文体用品与科技，2021，5（5）.
[12] 郭法. 体能训练在健美操教学中的应用研究［J］. 当代体育科技，2020（7）.
[13] 郭家骏，于欣慈. 高校体育教学管理创新与发展思考［J］. 长春师范大学学报，2022，41（5）.
[14] 郭建海. 高校体育训练中兴趣的培养途径［J］. 文体用品与科技，2022，2（2）.
[15] 洪潇，李益. 高校田径体能训练探析［J］. 新体育·运动与科技，2023（1）.

［16］胡春龙. 浅谈武术套路的教学创新［J］. 活力，2019（8）.

［17］黄波. 探讨健美操教学模式的创新［J］. 当代体育科技，2019（5）.

［18］贾佳. 高校田径体能训练的优化与创新［J］. 新体育·运动与科技，2022（8）.

［19］姜文生. 论高校篮球训练中战术意识的培养［J］. 当代体育科技，2022（14）.

［20］姜振捷，徐云鹏. 体育与健康［M］. 重庆：重庆大学出版社，2021.

［21］李鹤. 高校健美操教学与训练一体化模式探析［J］. 当代体育科技，2020（15）.

［22］李建林. 浅析高校排球扣快球技术教学及训练［J］. 科教导刊（电子版），2019（19）.

［23］李孟华. 高校健美操运动与教学研究［M］. 北京：北京工业大学出版社，2018.

［24］李盼. 高校体育训练中的饮食指导研究［J］. 中国食品，2022（22）.

［25］梁枫. 乒乓球运动中的战术训练和战术运用［J］. 文体用品与科技，2022，11（11）.

［26］梁雪珍. 浅议高校武术教学与训练的改革与创新［J］. 吉林广播电视大学学报，2019（3）.

［27］刘海明. 基于系统科学理论的篮球运动训练管理与方法探索［M］. 北京：中国原子能出版社，2018.

［28］刘满. 现代高校体育健康教学理论与发展新探［M］. 北京：北京工业大学出版社，2021.

［29］刘姝华，马炳章，张晓. 新时期虚拟现实技术应用于大学体育教学与训练中的实证研究［J］. 长沙铁道学院学报：社会科学版，2017（36）.

［30］鲁长春. 高校田径教学与训练实践研究［M］. 沈阳：沈阳出版社，2019.

［31］骆寅. 现代乒乓球运动理论与实践的再剖析［M］. 北京：原子能出版社，2018.

［32］马宝国. 高校排球运动教学中战术意识的培养［J］. 黑龙江科学，2019，10（17）.

［33］马涵月. 高校武术运动员运动损伤的原因及预防对策［J］. 冰雪体育创新研究，2023（13）.

［34］毛浩德，乔玉磊. 运动营养在武术运动中的作用探究［J］. 食品安全导刊，2022（26）.

［35］毛剑杨，刘海磊. 篮球运动理论与育人实现途径研究［M］. 成都：西南

交通大学出版社，2018.

［36］秦会兵．论校园足球视阈下高校足球人才的培养策略［J］．体育世界（学术版），2019（7）．

［37］桑梦礼．高校体育训练中运动损伤原因分析与恢复方法［J］．当代体育科技，2021，11（15）．

［38］石宝华．高校篮球技术教学与训练问题研究［J］．辽宁经济管理干部学院．辽宁经济职业技术学院学报，2020（1）．

［39］石犇．健美操与体育舞蹈的形体训练研究［M］．吉林出版集团股份有限公司，2020．

［40］宋波．高校竞技健美操体能训练方法研究［J］．运动，2018（16）．

［41］孙常礼．田径跳跃项目训练方法［J］．田径，2019（3）．

［42］孙鹏．排球教学与训练方法优化［M］．太原：山西经济出版社，2019．

［43］孙阳．高校排球教学训练现状及应对策略［J］．黑龙江工业学院学报（综合版），2019，19（7）．

［44］谭黔．高校田径教学方法改革研究［J］．青少年体育，2020（5）．

［45］唐瑞．高校武术运动员运动损伤的原因及预防对策［J］．文体用品与科技，2022（3）．

［46］唐新江．大学体育教学和训练中创造性思维的应用研究［J］．当代体育科技，2021，11（31）．

［47］田伟．VR技术在高校体育教学及训练中的运用探究［J］．体育风尚，2020（2）．

［48］王居海．现代足球运动价值分析与科学发展研究［M］．北京：中国商业出版社，2018．

［49］王鹏．健美操运动的基本理论及其教学研究［M］．天津：天津科学技术出版社，2020．

［50］王庆贤，东芬．大学体育教程［M］．苏州：苏州大学出版社，2018．

［51］王荣．篮球教学与训练的多维探究［M］．天津：天津科学技术出版社，2020．

［52］王天怡．高校大学生乒乓球运动员专项身体素质训练研究［J］．科学咨询，2020（41）．

［53］魏九伟，杨奇帅．关于高校排球教学中学生战术意识培养的思考［J］．当代体育科技，2013（6）．

［54］吴清莉．浅析高校排球教学中运动损伤的预防［J］．文体用品与科技，2020，2（2）．

[55] 武禹彤，孙晓宇. 田径跳跃项目的特征以及教学措施研究［J］. 体育风尚，2021（6）.

[56] 向超宗. 学体育选项课教程［M］. 重庆：重庆大学出版社，2019.

[57] 徐文超，程宇. 排球发球技术的发展及教学训练方法［J］. 文化创新比较研究，2018，2（32）.

[58] 徐阳. 浅谈普通高校武术教学的现状及发展［J］. 今天，2021（21）.

[59] 尹子月. 高校体育训练中的运动损伤及防范［J］. 新体育·运动与科技，2023（7）.

[60] 余富荣，吴翠芬. 高校足球技战术教学与训练理念分析［M］. 长春：吉林大学出版社，2020.

[61] 张博，于刚. 教你踢好足球［M］. 天津：天津科学技术出版社，2019.

[62] 张恩才，邓立新. 其他创造性思维在大学体育教学与训练中的运用研究［J］. 江苏第二师范学院学报，2018（12）.

[63] 张磊，苏振国. 谈儿童武术套路训练特征与方法［J］. 辽宁体育科技，2018（1）.

[64] 张天羽，周文龙. 乒乓球文化发展与运动教学研究［M］. 长春：吉林人民出版社，2021.

[65] 张伟，肖丰. 高校篮球运动教学理论与方法研究［M］. 北京：新华出版社，2019.

[66] 张燕晓. 现代乒乓球运动多维度探究举要［M］. 北京：科学技术文献出版社，2018.

[67] 张义飞，王宏伟，仝仕胜. 高校足球学练设计理论与实践教程［M］. 北京：中国原子能出版社，2018.

[68] 赵龙. 高校体育教学中如何培养学生终身体育意识［J］. 现代职业教育，2022（10）.

[69] 赵雪飞. 武术基本功在武术散打训练中的重要性［J］. 体育风尚，2021（2）.

[70] 赵媛. 高校健美操教学训练一体化模式探析［J］. 当代体育科技，2021（28）.

[71] 郑寅. 高校田径体能训练的实施与提升路径探讨［J］. 文体用品与科技，2023，1（1）.

[72] 周建辉，李雪. 运动戒毒常用技术方法［M］. 成都：四川大学出版社，2021.

[73] 朱可. 校园足球教学训练及人才培养研究［M］. 长春：吉林人民出版

社，2022.
[74] 朱晓菱，倪伟. 体育健康与实践［M］. 上海：上海大学出版社，2021.
[75] 主红. 创新高校排球教学模式的路径探究［J］. 创新创业理论研究与实践，2020，3（18）.